大学教育と読書
大学生協からの問題提起

全国大学生活協同組合連合会教職員委員会　監修
全国大学生活協同組合連合会 副会長 玉真之介　編著

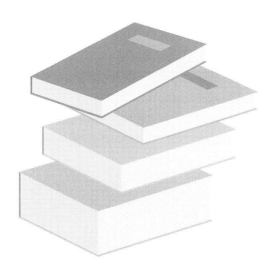

大学教育出版

大学教育と読書
大学生協からの問題提起

目　次

第 1 部　大学教育と読書

序　章　なぜ「大学教育と読書」をテーマとするのか？ …………………… *2*

第 1 章　21 世紀スキルを学ぶ機会としての読書 ………………………… *10*
1. 読書の持つ意味　*10*
2. 読書の現状　*14*
3. 大学生の読書の状況　*18*
4. 読書と大学教育　*19*
5. 小学校から大学までの連携の重要性　*21*
6. 読書の効用　*23*
7. 日本の大学教育の課題　*25*

第 2 章　アメリカにおける大学教育とリーディング・テクニック………… *30*
1. アメリカにおける大学教育　*30*
2. なぜアメリカの大学生はそんなに勉強するのか　*32*
3. アメリカの大学におけるインターンシップ制度　*33*
4. アメリカの大学での課題図書　*34*
5. アメリカの大学での留学時代　*35*
6. リーディングのテクニック　*35*
7. アメリカの大学では文学の授業は教養課程において必修科目　*41*

第 3 章　初年次教育の重要性とリーディング＆ライティング …………… *43*
1. はじめに　*43*
2. 担当授業科目「基礎演習」の概要　*44*
3. 授業計画の変遷　*45*
4. 2015 年度の授業実践の詳細　*50*
5. 学生の問題とは　*53*

目　次　*iii*

　　6.　授業アンケートにみる学生の論文作成に対する評価　*56*

　　7.　ライティング教育プログラム編成の課題　*61*

第4章　大学図書館におけるラーニングコモンズの取組と読書……………*64*

　　1.　はじめに　*64*

　　2.　学生にとって「読書」とは？　*66*

　　3.　教職員が考える「読書」　*69*

　　4.　「社会を考える読書会」　*70*

　　5.　読書推進のこれから　*72*

第5章　大学教育における電子図書利用の有用性と可能性　………………*75*

　　1.　はじめに　*75*

　　2.　大学教育におけるデジタルテキスト導入の現状　*76*

　　3.　デジタルテキストを用いた英語リスニングの授業　*80*

　　4.　デジタルによる知的活動：本棚と文机としてのディバイス　*87*

　　5.　大学における電子書籍の有用性と可能性　*89*

　　6.　生協によるサポート　*95*

第6章　大学教育と読書をめぐって　………………………………………*98*

第2部　大学・学生をめぐる諸課題と大学生協

第1章　読書を身近に ― 読書時間 0 を 1 にするために ―　……………*106*

　　1.　はじめに　*106*

　　2.　大学生の読書状況と読書推進企画　*107*

　　3.　バトルから読書へ ― 書評対決・ビブリオバトル・ショセキカという

　　　　挑戦 ―　*109*

第2章　大学生協の食堂や共済の事業への教職員のかかわり方 ……… *113*

1. はじめに　*113*
2. 大学生協食堂事業の現状とあるべき視点　*114*
3. フードサービスから食育事業に　*115*
4. 学生の学業継続と社会人基礎力養成に寄り添う大学生協の共済事業

117

第3章　環境と防災 ― 里海に学ぶ、地域と世代をつなぐ ― ………… *120*

1. はじめに　*120*
2. アマモ場再生活動 30 年の歩み　*121*
3. 「全国アマモサミット」での学びと愛媛大学生協の環境活動　*123*

第4章　平和活動の課題と展望 ……………………………………… *126*

1. はじめに　*126*
2. 2015 年度東北ブロックでの平和活動を通じて　*127*
3. 京滋・奈良の平和学習の取組 ― ピースナウ舞鶴とピースナウ奈良の
取組から ―　*129*

第5章　協同組合論の学びを創る ……………………………………… *131*

1. はじめに　*131*
2. 賀川豊彦の経済哲学とその現代的意義　*132*
3. 愛媛大学における集中講義「協同組合とは何か」の実施　*135*

第6章　特別講演　里海、里山に学ぶ ………………………………… *138*

あとがき ………………………………………………………………… *144*

第1部

大学教育と読書

序　章

なぜ「大学教育と読書」をテーマとするのか？

玉真之介[1]

危機感

　本書の第1部は、2016年9月2日に岡山市で全国大学生協連教職員委員会が開催した「全国教職員セミナー in 岡山」における「能動的学習と読書 — リーディングリスト運動：理論編」というシンポジウムに基づいて編集したものである。シンポジウムのタイトルにある「能動的学習」とは、言うまでもなく現在の大学教育が意識的に取り組むことを求められている教育方法である。つまり、このシンポジウムは、大学教育改革の課題として学生の読書を取り上げたのである。そこで、なぜ大学生協教職員委員会が「大学教育と読書」をシンポジウムのテーマとして取り上げたのかについて最初に述べることとしたい。

　それは、一言で言えば大学生協関係者の危機感である。学生の読書離れは決して最近の現象ではなく、高度成長期に大学が大衆化していった頃から繰り返し問題にされてきた。全国大学生協連合会が長きにわたって実施してきた学生生活実態調査においても、1週間の平均読書時間がゼロ分という学生の比率は、ずいぶん前から4割を超えていた。学生に読書を薦める取組も、『読書のいずみ』や読書マラソンをはじめとして様々に展開されてきた。その意味で、学生の読書離れは、いまことさらに取り上げる必要があるテーマとは言えないかもしれない。しかし、私たちは以下の3つの理由で、学生の読書離れの問題

---

[1] 徳島大学生物資源産業学部教授

を大学教育の根幹に関わる問題として、いま取り上げる必要があると考えたのである。

世界潮流の変化

その第1の理由は、今日の"脱グローバル化"とも言える世界の変化である。2016年のイギリスによるEU離脱。そして、アメリカ大統領選挙におけるトランプ大統領の当選。この2つは、いずれも1990年代以来、強まってきたグローバル化の潮流とは逆の潮流が、いまや無視できないまでに力を増したことをしめすものと言うことができる。すでに2008年のリーマンショック以降、ロシアや中国が存在感を高める中でアメリカの覇権の衰えが顕著となり、原理主義や地域主義、国家主義が台頭して地域紛争も多発するようになっている。

かつて、いまとは逆に人・物・金・情報が国民国家の壁を乗り越えて自由に動き回るグローバル化の潮流が顕著となった時に、スーザン・ストレンジは『国家の退場』（岩波書店、1998）という本を書き、その中で「ピノキオ問題」という提起を行った。それは魔法によって本物の少年となったピノキオが直面した問題。すなわち、もはやウソをついても鼻は伸びない。操ってくれる糸もない。歴史が大きく転換していく中で、どの権威を尊重し、どの権威に挑戦するのか、そして何をすべきか、それらはもはや従来のものの見方の延長線上で考えるわけにはいかず、自分自身で判断し、決断しなければならないのだと。

先述のように、歴史が再び逆転し、「国家の退場」から「国家の復権」の動きが強まり、国家主義的な動きや運動、そして国家間の緊張が高まる中で、私たちは再び「ピノキオ問題」に直面していると言えるだろう。そして、「ピノキオ問題」に学生たちが自ら答えを見つけていくためには、やはり読書が重要だと言わざるを得ないだろう。とりわけ、古典を含む人文・社会系の読書が。

しかし、この10年間に全国の大学生協の書籍事業は全体で25％も供給が減少し、しかも人文・社会系の図書の販売が激減しているのである。このようなことで時代の変化に対し、学生たちは自ら的確な判断が下せるのだろうか。時々の風潮やプロパガンダに流されてしまったり、政府やマスコミに対して批判的視点を持つことなく、付和雷同的に追従してしまったりする傾向が強まる

のではないか。そのような危機感である。

高度情報化社会

　第2の理由は、インターネットの発達による高度情報化の進展、ならびにスマホに代表される情報デバイスの普及である。中学生・高校生の時点でスマホ・デビューし、SNSが日常生活の一部となっている学生たちは、ある面では情報化時代に高い適応能力を有すると言えるのかもしれない。これは、時代のなせる技であり、避けがたい傾向と言えるのかもしれない。

　大学教育の現場においても、学生のスマホ利用は顕著となっている。不明点の解消やレポート作成など、まずはスマホで検索をかけることが習慣化しているように見える。Web上の情報をコピー＆ペーストするだけでレポートをまとめることが問題視されるようになって久しく、それは学位論文にまでおよんでいることがニュースにもなった。要するに、あらゆる情報をWeb上から得るだけで、考察をすませてしまう傾向が学生の間で強まっているように見えるのである。

　しかし、Web上の情報への依存は、言うまでもなく重大な問題点を含んでいる。それはあまりにも簡単で便利であるがゆえに、真偽が不確かな情報を鵜呑みにしたり、情報が断片にとどまり、一方的、一面的なものであったりする危険が少なからずある。何よりも表面的な情報だけにとどまって、ものごとを体系的、系統的に掘り下げて考える姿勢や志向性が身につかないでしまうという問題である。

　ものごとを表面だけではなく、全体を見失うことなく、問題を掘り下げて考える力を身につけるためには、やはり一定量の読書は欠かせないだろう。また、学生時代に読書の習慣を身につけることが、社会に出てからも、とりわけ重要と言える。その意味でも、学生のWeb情報への依存の傾向を大学教育は直視する必要があり、それをただ時代のなせる業として放置するのではなく、教育プログラムの中で適切な方向へと導いていく必要があるだろう。それは、学生に「ピノキオ問題」に対する自分なりの考えを持つ力を養うためにも必要であると考えられる。

アクティブラーニング

　第3の理由は、大学教育の現場における教育改善の動き、とりわけアクティブラーニング（「能動的学習」）への取組についてである。平成24年の中央教育審議会答申『新たな未来を築くための大学教育の質的転換に向けて〜生涯学び続け、主体的に考える力を育成する大学へ』において、高度情報化時代を踏まえて知識伝達を中心としたこれまでの大学教育を主体的に学ぶ力を身につけさせる教育へと質的に転換することが提起された。そこでのキーワードがアクティブラーニング（「能動的学習」）であった。これを受けて、全国の大学においては、アクティブラーニング（「能動的学習」）を取り入れる取組が様々に取り組まれている。しかし、そこでは、アクティブラーニングという目新しい言葉にいささか幻惑されて、主体的学習、能動的学習の基本としての読書、ないしリーディングに対して十分な関心が向けられていないという危機感がある。

　教養教育において旧制高校の伝統を引き継いだわが国の大学教育では、読書は学生自身が自主的に行うものであるといった観念が強く、アメリカにおけるリーディング・アサインメントのように大学教育自体に読書が構造化されて来なかった。教室外学習時間の増加が問題にされているが、そこでも読書ないしリーディングを位置づける取組が意識的かつ積極的になされているようには感じられない。その背景には、日本の大学教育および大学教員が基本的に専門教育を重視し、教養教育を軽視しているという根本的な問題が内在しているようにも考えられる。これは、過去の延長線上で先を見通せば良かった時代には問題なかったかもしれないが、「ピノキオ問題」に直面した時代にはきわめて不安を抱かざるをえないのである。

リーディングリスト運動

　以上の3つの理由から、私たち全国大学生協教職員委員会は、学生に読書を薦める運動を改めて提起することにした。それがリーディングリスト運動である。しかし、私たち教職員委員会は、読書推進という活動の難しさも身に沁みて感じてきた。過去にもしばしば取組を行ってきたが、なかなか成果が出せない。その結果が学生の読書の現状である。このために、この運動を始めるに

あたっては、「またやるの？」「どうやって？」という議論も展開された。また、「読書とは何か？」「漫画は読書か？」といった議論もなされた。

　今回提起したリーディングリスト運動のポイントは、先に述べたように、これまでの日本の大学教育が学生の読書を教育カリキュラムや授業の中に明確に位置づけてこなかった反省にたって、現在進められている大学教育改革の中に読書を取り入れることを提起する点に新しさがある。授業内容のより深い理解、関連する理解、教室外学習のために、一人ひとりの教員が適切な文献のリストを提示することを、大学教育改革の柱とすることの提起である。かつてシラバスの作成が授業改善の方法として組織的に取り組まれたように、リーディングリストの提示を授業改善の柱として組織的に取り組むことの提起である。

　この趣旨を全国大学生協連教職員委員会は、2015 年 2 月に「新教養主義とリーディングリスト運動への賛同とご協力を！」というメッセージにまとめてすべての大学人に向けて発した（後掲）。そこでは、流動化を強める世界の動きに触れた上で、古典をはじめとした人類の英知や文化の多様性の理解に向けて学生が読書することの大切さについて改めて表明した。その上で、学生が本を読む文化を復興する挑戦を「新教養主義」とよんで、リーディングリスト運動を次のように提示した。すなわち、授業の最初にリーディングリストを提示して、読書を学生に課題として課して、授業の到達目標に加えるということである。

第 1 部の構成

　この提起のための理論武装を意図したのが今回のシンポジウムであった。最初の川嶋太津夫氏（大阪大学）による「21 世紀スキルを学ぶ機会としての読書」は、シンポジウムにおける基調報告であった。そこでは、高校生や大学生における読書の現状を踏まえた上で、読書が持っている教育的な効果を 21 世紀スキルとして特徴付け、大学教育に読書を取り入れる上での課題が整理されている。

　シンポジウムでは、それに続いて、4 つの報告がなされた。最初の報告は、橘由加氏（東北大学）による「アメリカにおける大学教育とリーディング・テクニック」である。そこでは、アメリがの大学教育においてリーディングが

いかに重要視されているか、言い換えると大学教育に読書が構造化されているか、について述べるとともに、学生はそこで3つのテクニック、すなわちスキミング（速読）、スキャニング（探索読み）、クリティカル・リーディング（分析読み／精読）などのテクニックをスキルとして身につけて学んでいくことが述べられている。

第2の報告は、杉谷祐美子氏（青山学院大学）による「初年次教育の重要性とリーディング＆ライティング」である。そこでは、杉谷氏自身の初年次教育の実践を踏まえて、レポート・ライティングというスキルの修得においてリーディング・スキルが不可欠であることが論じられる。第3報告は、佐々木俊介氏（桜美林大学）による「大学図書館におけるラーニングコモンズの取組みと読書」である。この報告では、全国の大学図書館におけるラーニングコモンズの広がりを中教審答申が提起したアクティブラーニングとの関係で述べた上で、学生の読書に対するイメージが持つ問題と、それを踏まえた佐々木氏の図書館職員としての実践が述べられている。

最後に、第4報告は針持和郎氏（広島修道大学）による「大学教育における電子図書利用の有効性と可能性」である。情報化の進展と共に読書もデジタルデバイスを利用したものへ移行していく可能性がある。針持氏は、自身の英語教育に全国で最も早くデジタルテキストを活用した実践を踏まえて、それがもたらす効果と問題を整理し、その有効性を検証している。

以上のように、このシンポジウムは、読書を学生の余暇や趣味としてではなく、大学教育の質的転換の問題として正面から取り上げたものである。いずれの報告も、大学教育において読書ないしリーディングのスキルやその量と質がきわめて重要性であることが明確になった。ただし、読書ないしリーディングを大学教育に構造化していくには、難しい課題もあることもわかってきた。しかし、こうした点が現在の大学教育において広く認識されているかと言えば、決してそのようには思われない。まずは、より多くの大学関係者が読書ないしリーディングの大学教育における重要性とその現状を認識として共有するところから改善の方策も議論が広がるものと思われる。まさに、このシンポジウムの内容を書籍として刊行した意図はそこにあるのである。

すべての大学人のみなさまへ
新教養主義とリーディングリスト運動へのご賛同とご協力を！
全国大学生協連合会・教職員委員会

　いま世界は、かつてのグローバル化とは様相を異にしています。アメリカの覇権が衰え、ロシア、中国の存在感が高まり、アジア諸国の経済成長が進む中で、原理主義、地域主義、国家主義が台頭して地域紛争も多発しています。

　その一方で、平和構築や地球温暖化への国家を超えた連携・協力が、防災の課題と合わせて、これまで以上に強く求められています。こうした時代を私たちは、「グローバル新時代」と呼ぶことにしました。

　このように多極化、流動化する世界を前に、私たちは大学生にもっと本を読んでほしいと強く思います。それも、古典をはじめとした人類の英知や文化の多様性の理解に向けた読書です。

　しかるに、私たち全国大学生協連合会が実施した学生生活実態調査によると1週間の平均読書時間が0分という学生が4割に達しています。大学生協の書籍事業も、この10年間に25％以上も供給が減少しています。とりわけ、人文・社会系の図書の販売が減少しています。

　私たちは、この現実を抗しがたい趨勢として傍観するわけにはいきません。大学人の力を結集して、本を読む文化の復興に挑戦すべきであると思います。それが「グローバル新時代の読書と教養ルネッサンス」、略して「新教養主義」です。

　私たちは、この旗印の下で、「リーディングリスト運動」を提起したいと思います。これは、日本の大学教育が、学生の読書を教育システムに組み込んでこなかったことへの反省にたったものです。

　まずは多くの授業の最初に、リーディングリストを学生に示すことを呼びかけます。いかなる授業にも、バックグラウンドとなる基本図書や関連図書があるはずです。それらをリストで示して、そのレビューを成績評価にも関連させれば、学生の勉学時間も増え、読書が大学教育に構造化されていく可能性があります。

私たちはまた、授業にとどまらず、新入生向けや様々なテーマ（環境問題や平和構築、協同組合など）についても、リーディングリストを作成して学生に提示する取組を呼びかけます。こうした多様なリーディングリストの提示を、学生たち自身の読書マラソンなどの読書推進運動とリンクして、大学に読書と教養の復興を目指します。

　「本当の読書は、単に表面的な知識で人を飾り立てるのではなく、内面から人を変え、思慮深さと賢明さとをもたらし、人間性に深みを与えるものである。」（平野啓一郎『本の読み方』PHP新書）

　学生時代に読書が習慣化されれば、卒業後の学生の人生がより豊になることは間違いありません。また、社会の様々な課題に対して、彼ら・彼女らがより積極的にかかわっていくことにつながると思います。

　私たちのこの思いにご理解をいただき、すべての大学人が新教養主義とリーディングリスト運動にご賛同とご協力をいただけるよう心よりお願いいたします。

（2015年2月）

第1章
21世紀スキルを学ぶ機会としての読書

川嶋太津夫[1]

1. 読書の持つ意味

　ここでのテーマは、読書が、大学生のみならず、私たち一人ひとりの人間としての豊かな生活にとって、非常に重要である。このことを、まず念頭において、大学教育における読書と読書をベースにした様々な活動というものが極めて重要な役割を果たしていることを述べたい。つまり、読書は、本や文章を読むことによって単に知識や教養を得るだけではなくて、それに加えて、読書を中心とした様々な活動を展開することによって、いわゆるソフトスキルとかジェネリックスキルといわれるような能力を身に付けさせる機会にもなっていくのではないかということである。ただ現状では、それを実現するには、いくつかの課題があることも確かである。

　ちなみに私は、読むということについては、雑食ならぬ雑読であり、何でも読む。漫画はさすがにもう最近は読まないが、専門書は当然読む。それ以外にも推理小説、恋愛小説、さまざまな本を読むのが趣味というか、中毒になっていて、いつも出かける時のバッグの中に、1冊は何か本が入っていないと何か心配、何か忘れてきたという気持ちになる。

---

[1] 大阪大学高等教育・入試研究開発センター教授

そのうちの1冊は、つい最近、新聞広告で見てすぐ買った本で、城山三郎の『臨3311に乗れ』というもの。もともとの原作は1975年に刊行されて、つい最近、文庫本になった。それですぐ買って、すぐに読み終えた。物語自体は、読まれた方もあるだろうが、近畿日本ツーリストができた経緯をドキュメンタリー風に描いたものである。

近畿日本ツーリストという旅行会社は、私もこの本を読むまで知らなかったが、日本ツーリストという会社と近鉄がつくった旅行会社が合併してできた会社である。この小説の主人公は、馬場といい、その人が戦後、韓国から引き揚げてきてつくった非常に小さな日本ツーリストという会社が物語の舞台になっている。彼は東大経済学部出身であり、そこに京都大学出身で神戸に住んでいる若者が、就職がなかなか決まらないので、日本ツーリストに就職させてほしいということで面談に来た。あまりにも小さな会社で、どこにオフィスがあるか分からない。ようやく探し当てて社長以下の役員からの面談を受けた時の1シーンにこういう言葉がある。「いいな、うちに入ったら学歴なんてないもの

出所：http://www.tomcorsonknowles.com/blog/weight-loss-study-you-are-what-you-think-you-eat/

出所：http://www.dailydesigninspiration.com/advertisements/coletivodedois/you-are-what-you-read/

と思え。」社長は東大卒、試験を受けたのは京大卒。「学歴なんて、バカみたいなものだ。」「人間は日に四度、メシを食うものだ。」「はあ？」「三度は普通のメシを食う。あとの一度は活字の飯メシを食え。つまり読書だ。」

　たまたまこの小説を読んでいたおかげで、それをイントロとして使うことができた。ということで、本を読んでいるといろいろ役に立つこともあるという一つの例である。

　ここに示した図の一番上に書いてある「You are what you've read」あるいは「You are what you read」。こういう言い回しが英語にある。2015年に、長崎大学で大学教育学会が開催され、その際に基調講演者の立花隆先生も、こういうお話を冒頭に紹介されていた。まさに城山三郎の小説の場面というのは「You are what you eat and read」ということになる。

　つまり「eat」のほうは、食べている物によって私たちの体はできているということだ。左側と右側の体を比べれば一目瞭然、食べ物の違いによって、私たちの体も違ったものになるということである。私の体を見ていただければ、

私が日頃、何を食べ、何を飲んでいるかも分かるということである。それと同じで、私たちが日頃から何を読書しているかということによって、その人の、これは肉体ではなくて、知性というものができあがってくるのである。

フランソワ・モーリアックというフランスの文学者で、1952年にノーベル文学賞を受賞した人はこう言っている。「Tell me what you read and I'll tell you who you are is true enough, but I'd know you better if you told me what you reread.」。つまり、「あなたが何を読んでいるのかを私に聞かせてくれ。それでだいたいあなたの人となりは分かる。さらに愛読書、いつも繰り返し読んでいる本が何かを私に言ってくれれば、さらにあなたの人となりがよく分かる」と。ということで、読書というものは、その人の人格や人間性を形成する上で、非常に重要な役割を担っている、ということである。

そういう意味で、かつては、電車の中で文庫本を読んだり、新聞を読んだりしていた。あるいは20年くらい前だと、老いも若きも、若い社員も、ちょっとえらそうな男性社員も、こぞって電車の中で読んでいるのは『少年ジャンプ』『少年マガジン』ばかりだというようなことも、一時、社会問題になった。

現在はどうなっているのかというと、電車の中はもうこの写真のような情景が日常的にみられる。すべての乗客がというのは言い過ぎかもしれないが、以前、私が同じ車両の乗客を観察したら、8割くらいは下を向いてスマホを触っていて、本とか新聞を読んでいる人はほとんどいなかった。もっとも、今は電子ブックが普及しているので、ひょっとしたらスマホで読書しているのかもしれない。とはいえ、今日では、印刷された本を電車やバスの中で読んでいる、そういう光景を見かけるのは非常に少なくなってきた。

2. 読書の現状

次に、これからの議論の参考とするために、いくつか読書に関する調査結果を紹介する。

これは文部科学省の委託事業で、横浜銀行のシンクタンクが行った高校生の

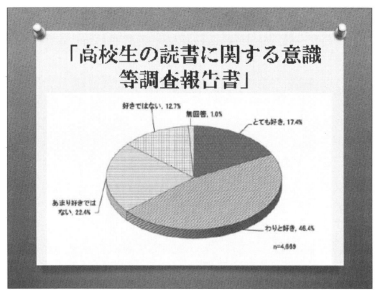

出所：文部科学省　子ども読書の情報館　平成 26 年度　文部科学省委託調査

読書に関する調査報告書の一部である。ご承知のように、現行の学習指導要領においても、文部科学省は言語活動というのを非常に重視している。そういうところから、文部科学省も、高校生や中学生の読書の実態に関する調査を委託したのであろう。

読書というものについての意識あるいは志向性を見ると、とても好きだというのは17％、わりと好き、を入れると、まあ7割くらいが、読書はまあまあ好きだと答えている。それに対して、好きでない、あまり好きではないというのが4割ぐらい。6：4くらいで、読書は好きだという高校生と、好きではないという高校生に分かれているのが高校生の現状である。

では、好き嫌いは別として、実際にどのくらいの読書という活動を行っているのか見てみる。これを見ていただくと、一番上が、学校に通っている週日で、その下が土日の週末のデータである。平日も週末も、まったく読書をしないという高校生が、半数以上いるということが分かる。1時間以上読む高校生は10％いるけれども、高校生の大多数はまったく読書をしていないことが分かる。

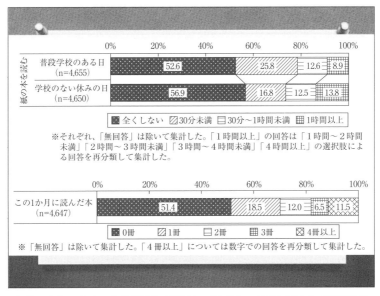

出所：平成26年度　文部科学省委託調査　「高校生の読書に関する意識等調査報告書」

16　第1部　大学教育と読書

　次に、この1ヶ月でどれだけの本を読んだかの質問への回答を見ると、1冊も読んだことがないというのが5割を超え、1冊が2割で、4冊以上は10%程度に過ぎない。読書が非常に好きな高校生は6割くらいいるけれども、実際に読書をしている高校生というのは半数に満たないというのが現状である。

　では多くの高校生が読書をしていないとすれば、彼らは自宅で何をして過ごしているのだろうか。同じ調査によると、テレビ、ビデオ、インターネット等の視聴が、視聴時間にばらつきはあるが、これが圧倒的に多い。それから3つ目の欄の電話・電子メール・SNSに過ごす時間も多くなっている。それに次いでゲームに興じる時間も多い。他方、漫画や雑誌を読むことも、だんだん少なくなってきた。ましてや、一番下の欄に示されている読書については、まったく本を読まないというのが半数以上いる。そういうのが現状で、読書よりも、いわゆるネットとかSNSとか、デジタル的なものに触っている時間が非常に多いのが今時の高校生である。

　では、なぜ高校生は本を読まないのであろうか。普段から本を読まないか

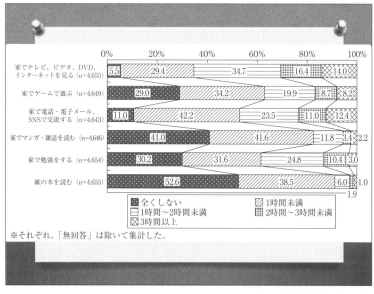

出所：平成26年度　文部科学省委託調査　「高校生の読書に関する意識等調査報告書」

ら、という回答が一番多い。つまり普段から読む習慣、読書習慣というのが、日本の現在の高校生にはまったくできていない。次に多いのが、下から4番目、読みたいと思う本がないから。それからその下、他にしたいことがある。さらに一番上から2番目、部活動や生徒会等で時間がない。この回答傾向から読み取れることは、高校生には、そもそも読書習慣がないということと、そして、高校生は読書する暇はない、いろいろな活動をしなければいけない。あるいは高校生にとって興味のある本がない。つまり、高校生は、やらなければならない活動が多く、加えて、興味を引く本もない。したがって、読書への興味もわかないし、たとえあったとしても、読む時間が無い。そのため読書習慣が身につかない、という悪循環に陥っている。

　高校生の年頃は、読書に限らないが、一人ひとりの個性が強くなってくるというか、興味、関心が多様化してくる段階である。読みたい本がないといった、その「読みたい」という関心の領域も、おそらく非常に多様だろうと思うが、それ以前の問題として読む習慣が身に付いていないというのは非常に大き

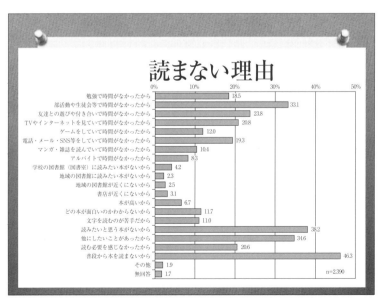

出所：平成26年度　文部科学省委託調査　「高校生の読書に関する意識等調査報告書」

な問題である。

　先に、最近は、電車などで読書している人よりもスマホを見ている人が多いが、紙媒体ではなくても、スマホを見ている人は、ひょっとしたら電子ブックを読んでいるのではないかと述べたが、このデータから分かることは、彼らはやはり、電子媒体の本も実はまったく読んでいないという状況である。だから、スマホでLINEのようなものとか、ゲームとか、最近だと「ポケモンGO」、もっとも、ポケモンが電車の中にいるかどうか分からないが、そういうものをやっているのであろう。

3．大学生の読書の状況

　では、このような高校生活を経て大学へ進学してきた場合、大学生の読書行動はどうなっているのか。ここで紹介するデータは、生協連合会がほぼ毎年実施している「学生生活実態調査」の一番新しい調査の一部である。1週間の読

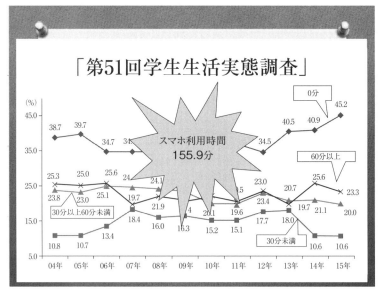

出所：全国大学生協連合会

書時間について、一番上の折れ線が0分。もちろん一方で1日60分以上読書しているという大学生もいるが、読書時間0分という人の割合が近年ますます増えている。他方、スマホ等を触っている時間は、155.9分、つまり、1日2時間半以上スマホ等に触っている。大学生も高校生同様に読書していないことが、この調査で明らかになった。

4. 読書と大学教育

今回のテーマは、読書と大学教育なので、まず、大学生の学習の状況を国立教育政策研究所が行った「大学生の学習実態に関する調査」から見てみる。

1年生を例として見てみると、オレンジ色の部分が大学の授業時間で、1週間に20時間の授業に出ている。ブルーが授業の予復習に取り組んでいる時間。そしてこの赤色部分が、授業以外のいわゆる自主的な学習活動である。

ご承知のように、1単位に必要な学習時間は45時間である。制度上は、1

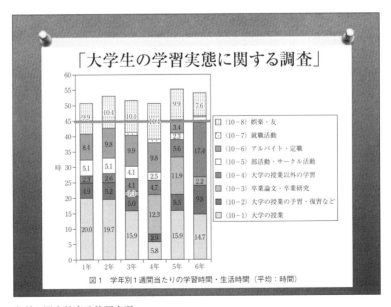

出所：国立教育政策研究所

週間、教室内と教室外の学習時間を合わせて45時間学習しないと1単位にならない。しかし、実態は、教室内の学習時間と授業の予習復習時間、さらに自主的な学習時間を含めても25、6時間にすぎない。その背景は、いろいろ考えられるが、現状では単位制度というのは形骸化していると言わざるを得ない。この点については、平成24年に出た、中教審のいわゆる「質的転換」答申*でも取り上げられ、日本の大学生は、アメリカの大学生に比べると授業外学習時間が極めて少ない。そこで、授業外学習時間を増やすような工夫をする必要がある。そのためにアクティブラーニングが重要であるというようなことが提言された。

次に、専攻分野別に見てみると、やはり医歯薬、看護、保健の分野では、実験、実習が多いので、医歯薬系の学生の学習時間が長くなっている。しかし、人文科学、社会科学系、それから芸術、スポーツ系の分野では、1週間の予習・復習が0時間という学生がかなりいる。やはり実験、実習が多い理系学部では学習時間が増えるが、人文社会系、芸術、スポーツ系の学部のでは、学生

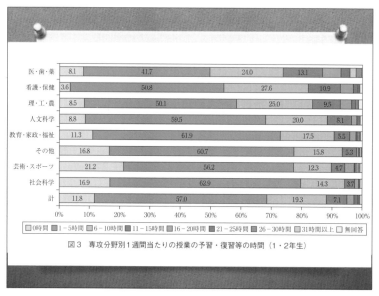

図3　専攻分野別1週間当たりの授業の予習・復習等の時間（1・2年生）

出所：国立教育政策研究所

の授業外学習時間が非常に少なく、また分野によってばらつきがある。

「質的転換」答申では、学生の主体的な学習を促す具体的な教育のあり方は、それぞれの大学の機能や特色、学生の状況等に応じてさまざまである。しかし従来の教育とは質の異なるこのような教育のためには、学生に授業のための事前の準備（資料の下調べや読書の施行、学生同士のディスカッション、他の専門家等とのコミュニケーション等）、それから授業の受講（その場において教員の直接指導や教員や学生、学生同士の対話）、授業が終わってからの展開（授業内容の確認や理解や深化、探求等）を促す教育上の工夫やさまざまな授業外の主体的な活動を促す工夫をするべきだ、という提言がされている。

では、答申が出てから、上記の状況は改善されているのか。この「質的転換」答申の議論の根拠になったデータが、2007年度に東京大学が行った調査である。先にも記したように、この調査によると、日本の大学生の授業外の学習時間がアメリカの大学生よりも圧倒的に少ない。そこで、このような提言になったわけである。

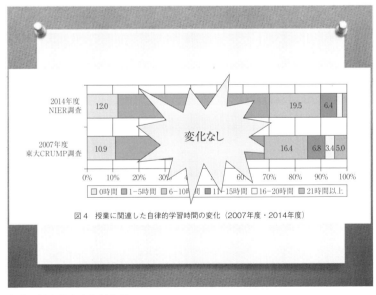

図4 授業に関連した自律的学習時間の変化（2007年度・2014年度）

出所：国立教育政策研究所

22 第1部 大学教育と読書

しかし、国立教育政策研究所が行った2014年の調査でも、授業外の学習時間はほとんど増えていない、変化していないというのが現状である。

5. 小学校から大学までの連携の重要性

もう一度、読書のことに戻ってみると、先に紹介した、高校生の読書意識に関する調査の中で、高校生の、小学校、中学校での読書体験を振り返っての質問がある。それによると、小学校に入学すると、けっこう読書している。低学年では、22.4％の人が、とてもよく読んだと回答し、3割の人が、よく読んだ、と答えている。つまり、5割以上の高校生が、小学校の低学年では本をよく読んでいた。それから高学年でも同じような傾向が見られる。ところが中学校に入ると、小学校よりも読書活動が減ってしまい、先ほど見たように、高校生になると、小・中学時代よりも増えたというのは12％にすぎず、逆に減ったというのは6割近くいる。

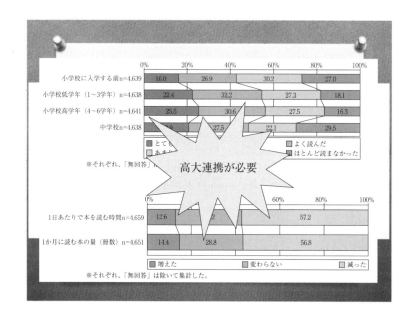

この調査から、小学校に入って読書をするようになった。それが中学校に入ると、少し減るようになった。それが高校に入ると、さらに減ってしまう、という状況が起きているといることが分かる。せっかく小学校で読書するようになって、読書習慣が付いたにもかかわらず、中学、高校に進学するに従って、その効果がどんどん薄れてしまう。

そういう意味では、大学生に読書を盛んにさせようと思ったら、高校と大学が読書に関して、また読書以外のさまざまな活動についても、高校と大学が連携を取る必要があることを示唆している。さらに言えば、中学でも小学校より少し読書量が減るので、中学校も巻き込んで、小学校から大学まで、読書について連携が必要である。

6. 読書の効用

現代は、様々な点で変化の速度が速いので、大学などで学んだ専門的な知識というのはすぐに陳腐化する。また、労働市場もかつてに比べて急速に流動化、不安定化しているため、学校卒業後に一つの会社、一つの職種に入ったとしても、転職、転業する確率は高くなっているため、専門的な知識や技能よりも、ソフトスキルあるいはジェネリックスキルと言われる技能を、大学卒業までに身に付けた方が、生涯を通じて有用だと言われている。

例えば思考の方法とか批判的思考力、学習の学習法、それからさまざまなリテラシー、コミュニケーション力、チームワーク力、キャリア設計力。こういうものが、むしろ専門的知識そのものよりも、今後は重要だと言われている。

したがって、そういう意味で大学教育そのものも大きく変わりつつある。読書との関連で言えば、冒頭に述べたように、本を読むだけでこれらの力が身に付くわけではなく、読書ということをベースにして、それをさまざまな形で学生に体験させることによって、21世紀に求められるジェネリックスキルのいくつかを獲得することができる。

これ以下の各論は、あとのシンポジウムでそれぞれの専門家の方がお話され

24 第1部　大学教育と読書

るので簡単に触れるにとどめる。

　例えば最近よく行われているビブリオバトルという書評合戦というものである。最初に書評する本を選ぶ。それぞれが読んだ本を持ち寄って、一定の時間内で、ほかの人に対して、いかに自分の読んだ本が素晴らしいかということを説得する。最後に全員で、どの書評、発表がよかったのかを決める、というような一連の流れで、ビブリオバトルは実施される。

　ビブリオバトルに参加することによって、単に一人で読書することでは得られない、さまざまなスキルが身に付く可能性がある。例えばまず書評対象の本を、一人で読むことで、語彙や知識が獲得できるし、筆者あるいは登場人物との共感力が得られる。それからさらに行間を読むことによって、イマジネーション力やクリエイティビティも身に付く機会になる。さらに、みんなで集まってビブリオバトルをすることは、一つのプロジェクトを複数のチームで行うことになるので、協同性や協調性が身に付く機会にもなり得る。仲間の前で書評を行うことによって、いかに相手を説得させるか、そのためには論理的に物事を発言しなければいけないので、論理的な思考力、発信力、説得力、それから書評者の話をきちんと聞くという傾聴力も身に付く機会としての可能性もある。最後にみんなでどの書評がよかったかということを話し合う中で、批判的思考力や評価力、判断力と一番優れていた発表を決める最終的な意思決定力、お互いの意見を戦わせるコミュニケーション力というものを身に付ける可能性がある。

　次に、「質的転換」答申の中でも言及されていたアサイメントだが、これはアメリカの大学でずっと行われている教育のシステムで、これについてはあとで橘先生が詳しく説明される。これは、事前の準備、それから授業、最後に事後という一連の学習活動において、授業に先立って読んで理解しておくべき課題のことである。単にアサイメントを出すだけでは駄目で、やはり事前、授業、事後をきちんと体系的に運用しない限り、アサイメントの教育に対する、あるいは学習に対する効果は出てこない。

　事前、授業、事後の活動を体系的に運用することによって、一種の反転授業になり、単に知識の獲得だけではなくて、問題発見力や授業ではディスカッションが中心になるので、協同性が身に付き、人の話を聞くという傾聴力も身

に付く。何よりも、どういうふうにして学んでいくのかというメタ学習を学ぶことができる機会としての可能性が高い。

ただ、このようなアメリカの大学で当たり前のように行われている授業方法であるアサイメントだが、では、はたして日本の大学でそういう教育方法を持ち込むことはできるのかどうか、次に日本の大学・大学生の現実を見てみる。

7. 日本の大学教育の課題

先にも紹介した国立教育政策研究所の同じ調査で、学期に履修登録している科目数を調べている。1週間に何科目履修しているかというと、1年生だと、多い場合、4分の一は15科目から19科目。1年生の半数は、1週間に10科目から14科目を履修している。2年生になると、10科目から14科目を受講する割合がさらに増えてくる。3年生になると、さらに15科目から19科目の割合が増えているが、平均すると1週間に10数科目の異なった科目を履修して

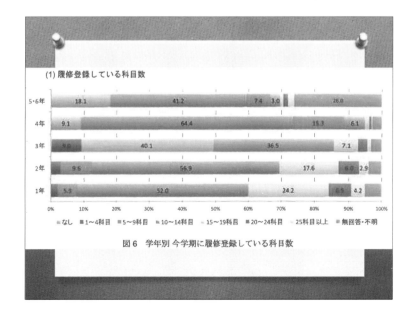

図6　学年別 今学期に履修登録している科目数

いることになる。

　岡山大学が60分授業に変えたと話題になっているが、クォーター制にすると60分の授業を週1回で1単位という科目もあるが、多くの科目は週に複数回に受講することで2単位ということになるのではないか。現在、ほぼ大多数の大学では90分の授業を週に1回、15週受講して2単位、つまり90時間の学習をしたということになっている。

　しかし週に1回、90分の授業を10数科目受講して、それぞれの科目の内容が本当に身に付くかどうかは疑わしい。それぞれの科目でアメリカの大学で当たり前のように行われているアサイメントを課して、学生は事前に予習をしてきて、授業でディスカッションをして、授業が終わったらTAに分からないことを聞くといったようなことが、1週間に10数科目も履修している日本の大学教育の現状で可能なのかどうか。

　最後に、課題を整理したい。一つはアサイメントというのは、もともと物理的に今の大学教育の現状からすると無理ではないかということ。それからアサイメントというのは、教員の側が作ったシラバスの中で、この週にはこれだけのものを読んできなさいという指示なので、ある意味、強制的に課題を読ませるわけだから、自主的な学びとは必ずしも言えない。そこからいかに、真の自主的な学びに転換させるのかが、第一の課題である。

　次に、読書習慣については、先ほども指摘したように、中学校までは生徒はけっこう読書しているのに、高校になるとガクンと読書が減ってしまう。そこで、大学を含む学校間で連携を深める必要がある。

　最後に、履修科目を精選して、今のような広く浅い学習ではなく、少ない科目をしっかりと学ぶ。それによって予習、復習の時間も確保できる。そういう形に大学教育のあり方を変えていくことが重要である。

　こういうテーマを与えられたことで、少し私も学習した。そうすると、読書習慣というのは、先ほどお話したように、やはり小学校の時が一番の肝というか、重要な時期である。その結果として、確かに、先ほど、小学校、中学校、高校のデータで見たように、小学校はある程度、読書指導が行き渡っていて、読むという行動がかなり見られている。ところが中学、高校にいくに従って、

どんどん読書する活動が減ってくるというのが現状である。

　周知のように、高校教育改革、大学教育改革、それから入試改革ということが今後行われていく。それと同時並行で学習指導要領というものが改訂される。引き続き新しい学習指導要領でも、現在の学習指導要領同様、言語活動を重視することになるが、その一方で、大学入試では、多面的な観点から入学者の適否を総合的に評価するように改革しなさいと言われている。その際、さまざまな校内、校外での自主的な活動、特に探究活動というものを高く評価する方向性が強く示されている。

　そうすると、今まで以上に、高校生というのは多様な活動をしなければいけない。授業を受けるだけではなくて、授業外にも、夏休みにも、大学入試で評価されるためにボランティアをしたり、探究活動を行ったり、ひょっとしたら短期の留学ということもするかもしれない。ますます高校生が多忙化する。入試改革のためにかどうか分からないが、高校生の日常的な活動が多忙化していく中で、どうやって高校生に読書というものをしてもらっていくのか。

　そのためにはやはり、改めて今回の三位一体の改革の中で、もし大学側として読書が非常に重要であるにもかかわらず、高校の時に読書行動が激減してしまっている実態を問題とするのであれば、高校教育改革、大学教育改革、入試改革の中で、どうやって高校生に読書を促していくのか、読書、読むことを好きになってもらうのか、ということが非常に重要な課題になってくると言える。

　大学教育改革の中では主体的な学びということで、アクティブラーニングの重要性ということが言われている。大学の授業においても、先生が一方的に講義するのでは、学生は非常に受け身で、ただ聞いているだけで、学生の講義における学びというのはまったくアクティブではない。しかし読書というのは、やはり自分で読むという主体的な活動なので、講義に比べればかなりアクティブな活動になる。あるいは、読書を娯楽として考えた場合も、テレビや映画を見るのに比べれば、本を選んで自分で手に取って読むという活動をしなければならないので、非常にアクティブな活動であることは確かである。けれども、既述のように、読むだけでは、なかなかそれは本人の成長、発達としては必ずしも有効とは言えない。いかに読書をベースとした活動をさまざまに展開して

28　第1部　大学教育と読書

いくのかが、先ほど紹介した21世紀に求められるソフトスキル、ジェネリックスキルの獲得につながっていくと考えられる。このあとのシンポジウムでさまざまな具体的な議論がされると思うが、今後、大学関係者としてさまざまな工夫や、その工夫の共有を十全に行っていくことが必要となるのだろう。

　最後に、そもそも日本人全体の活字離れ、読書離れということが叫ばれて久しいわけだから、リーディングリスト運動とかそういうものをするのだったら、それはやはり国民的な運動になるような形でやる必要がある。その一つのコアの組織として、大学生協連合会が重要な役割を果たしていかれることを期待したい。

質疑応答から

　質問1　中高生になると本を読まなくなるということと、スマホの保有率とが強い相関があるのではないかと思うがどうか。また、関連するデータはないか。

　川嶋　誰にも平等に24時間しか時間はないので、ほかの活動が増えれば、その分ほかのところにしわ寄せがいく。データは持ってはいないが、高校生の活動は、部活とか友達との交流とか、あるいはスマホやインターネットに24時間の時間が割りさかれ、時間の使い方のプライオリティとして読書はまったく低いままだ。なので、スマホをはじめ本以外のメディアを取り上げて読書を促すのも良いのかもしれない。ただし、現実的に可能かどうかは、ちょっと自信がない。

　質問2　前の質問と関連して、21世紀型スキルという時に、スマホやSNSを通じていろいろな人とコミュニケーションをしたり、つながったりすることとも求められるスキルの一つではないかと思う。そういう新しいメディアと、伝統的な読書との関係をどのように考えるのか聞きたい。単に新しいメディアを切って、読書をすれば21世紀型スキルが身に付くというのでは、ないのではないか。

　川嶋　社会や環境が変わって、パソコンですらキーボードが打てない学生

第1章　21世紀スキルを学ぶ機会としての読書　*29*

が増えたと言われる。確かに、最新のメディアの使い方に、今の若者は慣れてきているので、従来型のいわゆるブック形式による読書が、必ずしも現在の若者に適合しないという考え方もあるだろう。ただし、今日の議論になると思うが、読む読書が、リーディングということは同じでも、媒体が紙とか本である場合と、タブレットとかスマホを通じて読む場合とで、本当に同等の効果があるのかどうかは、きちんと検証しておく必要があるのだろう。

　確かに日本でも、小中で電子教科書を導入しようという話があり、予算の関係か、効果がまだ不確かからか、分からないが、取りやめになった。そのあたりをきちんと検証して、読むということはどういうメディアを通じてするのが一番効果的なのかを、きちんと認知科学的に検証していくことを同時に行いながら、新しい若者や新しい環境にふさわしい教育や学習の仕方を考えていくということが必要だろう。

　今の若者は、われわれの世代とは、まったく違った生活を経てきた人間なのだから、まったく別の学習方法とかコミュニケーション能力を持っていることは間違いない。ただし、読むこと自体は非常に減ってしまっていて、情報の取り方が、これまでのものとは違う情報の取り方をしているのだろう。

　そこはきちんと実証的に押さえて、大学教育との関連性をきちんと明確にする必要があるのだろうと思う。例えば、コミュニケーションの仕方がまったく変わってきていて、オフィスの中で目の前にいてもわざわざメールでコミュニケーションしている。話せば済む、電話を掛ければ済むのが、すべてメールになっている。このように、コミュニケーションのスタイルが変わってきてしまっている中で、私たち旧人類か旧々人類、古人類は、どのように若者、大学生に対応していくのがよいか非常に頭が痛い問題だと思う。あまり答えにはならなかったが、研究課題として追求すべき論点だと思う

参考文献

国立教育政策研究所『大学生の学習状況に関する調査』2014年4月
全国大学生活協同組合連合会『第51回学生生活実態調査報告書』2016年2月
浜銀総合研究所『高校生の読書に関する意識等調査報告書（平成26年度文部科学省委託調査）』
　2015年3月

第2章
アメリカにおける大学教育と
リーディング・テクニック

橘　由加[1]

1. アメリカにおける大学教育

　アメリカの大学ではスタディ・スキルズを心得ている学生は、みな優秀な成績を修めている。彼らのスタディ・スキルズはさすがにしっかりしている。大学は学業を修める場所、学業を修めるために大学で学んでいるという姿勢がみなぎっている。彼らは「学習のテクニック」をきちんと把握しているのである。これを習得するか否かで、学業が大きく変わってくる。さらに大学で得たスタディ・スキルズは社会に出てからも十分に役立つものである。スタディ・スキルズの一つにタイム・マネージメントがあるが、時間管理をきちんとできない学生は膨大な課題をこなしきれないので、アメリカの大学では致命傷である。

　大学生は1年生の時、大学で勉強する方法を学ぶ、フレッシュマン・セミナーというのがある。効果の上がる勉強方法を学ぶセミナーである。なるべく1年次の時に受講するようにアドバイザーたちは指導する。アメリカの大学では効果的な勉強方法で学習しないと、単位を修得していくのは至難の業である。私の知っている限り、勉強に集中してしっかりやっている学生はみな効果

---

[1] 東北大学高度教養教育学生支援機構教授

的な勉強のルールをつかんでいるように思える。高校では、楽に何の苦労もすることなくきたが、大学に入ってからは課題の量についていけなかったり、効果的に時間を利用して勉強に集中することができないという学生もいる。高校に比べて複雑な評価基準、リサーチペーパーやプレゼンテーションなどの課題が多く与えられ、効果的な勉強方法を身につけていない学生は大学に入学して大変苦労することになる。だからアメリカの大学では無理して大学生をやっているという人はほとんどいない。勉強に集中できないなら、学期を1つ、2つ休んで、また本当に大学で勉強したくなった時に戻ってくる、という学生もいる。学生の年齢層もまちまちだ。軍を数年経験した学生もいれば、高校卒業後、2、3年働いてからお金をためて大学に入ってくる学生もいる。専門の知識を身につけたい、それを仕事に結びつけたい、という目的意識のしっかりした学生がキャンパスに集まってくる。大学には勉強するために入学してくるのだ。

　アメリカの大学での生活は勉強に追われる。多くの課題を時間内にこなしていくためには、タイム・マネージメントスキルは絶対に欠かせない要素となる。限られた時間内に授業に出席し、予習、宿題などの課題をこなし、週に数時間のアルバイトや学業以外のことをするとなれば、一日はあっという間に過ぎてしまう。また教員試験、大学院試験、法律学校大学院試験、税理士試験、医学部大学院試験などに合格しようとした場合、年間を通してどのように学習、プロジェクトを進めるか、しっかり作戦を練らないと合格はできない。

　アメリカの大学で学ぶためのスタディ・スキルズとして、学習の目標を設定したり、スケジュールを立てたりするタイム・マネージメントの技術が大切であると述べた。この他の大切なスキルとして、読み方の技術、ノートの取り方の技術、レポートを書く技術、資料・情報を調べてまとめたり、整理したりする技術、プレゼンテーションの技術などが必要となってくる。これらのスキルズが大学で「学ぶ」ための成功の鍵となる。アメリカの大学ではスタディ・スキルズを身につけ、向上させていく技術を学んでいくことができる。高校卒業後、これらのスキルズが身についていない、またもっと向上させたい学生は、スタディ・スキルズを身につけるクラスを受講して、効果的な勉強方法、リサーチ力の技術を学ぶ。アメリカの大学で、4年間以上勉強でもまれた学生

32 第1部 大学教育と読書

は、これらのスキルズが身についているので、社会に出てからも即戦力として
使えるのである。

2. なぜアメリカの大学生はそんなに勉強するのか

　アメリカの大学では真剣に勉強しないと単位を取得することは難しい。ま
た卒業も難しい。授業の講義は3単位の授業であれば、週に3回（50分授業）
もしくは2回（90分）の頻度で開講され、速度も速いのできちんと予習、復
習していかないと、ついていくのが大変である。そのため必然的に学生たちの
授業以外の学習時間は多くなる。また宿題の量も多いし、頻繁に行われるクイ
ズ、小テストをこなしていかないと単位を落としてしまうことになる。特に文
系理系学部を問わず卒業単位の3分の1を占める教養課程の授業はどのアメリ
カの4年制大学でも重きを置いている。
　宿題は隅々まで丁寧に訂正されて返されるので、いい加減なものは提出で
きない。このようなカリキュラムをこなし、追いついていくためには、授業以
外、毎日最低でも2〜3時間の勉強量が必要となる。日によっては4〜5時間
勉強しなければならないことも多い。少なくとも私のもと勤務先のモンタナ大
学の学生は、一科目につき週に2時間から5時間程度勉強する人が85％いた。
セメスターシステムの大学で1学期に5科目受講すると（16単位程度）週に
10時間から25時間、平日の放課後にそれぞれ2時間から5時間勉強する計算
になる。ちなみに多くのアメリカの大学では、1単位につき最低でも1時間の
授業外学習を勧めている。どの講座を何単位取るかによって忙しさが違ってく
るので、学生たちは必死になって効率の良い単位の取り方を模索しながら登録
を済ませる。
　アメリカの大学では、目的意識を持って、自らの意思で大学を選び、しか
も授業料は自分名義のローンでまかないながら大学生活を送っている学生がほ
とんどを占める。アメリカ人の学生たちが真剣に勉強する理由は、大学の授業
（形態）の差であり、（日本の大学と比べると）学生の意識の差であり、社会の

大学に対する考え方の差ではないだろうか。アメリカの大学では学期ごとに脱落者が出る。学生が毎学期末に行う、担当教官の教え方に対する学生からの評価（エバリュエーションン）もあるので、クラスルームは教員も学生も真剣そのものである。また国際社会の動きや政治家の発言にも関心を持った態度で臨み、自分なりの主義主張のある自立した大人の大学生が多い。勉強に対する態度はとても真剣で厳しい反面、その他のカレッジ・ライフに関してはリベラル（民主的）な考えを持った学生が多い。

3. アメリカの大学におけるインターンシップ制度

　アメリカの大学で、日本の大学にない制度として、卒業までにインターンシップ制度あるいはシニア・プロジェクトの単位を取らなければならない学科も多い。例えば1学期間、森林学部の学生はイエローストーン国定公園などで実習生として働いたり、コンピュータ専攻の学生はIT関連企業で社員と同じ扱いでプログラム開発などを行っている。教育学部の学生は1年を通して4年生の時に教員実習生として教育現場で経験をつまなければならない。教員志望の場合教育実習は1年を通して行うのが通常である。

　アメリカの大学には、インターンシップ制度（学生が在学中に自らの専攻、将来の仕事に関連した体験を行うこと）が整っている。インターンシップでは、仕事の経験を通して自分の適性を知ることや、その仕事の体験を就職内定へのステップにすることが可能である。代表的なインターンシップの一つとして、理工系学部と企業との関係がある。教授はOBの企業との繋がりにより、学生が自分の専門分野と関係の深い企業に一定期間通って指導を受ける実習が行われている。インターンシップは大学側の教育の制度として組織的に実施され、卒業単位としても認められる。つまり大学と企業で、就労を学期または年単位などで相互に行う。この他大学の関与がより少なく、形態も多様で、基本的には単位としては加算されず、特定の専門分野と関連する専攻分野のカリキュラムの仕上げとして、学生が企業で見習い実習するというインターンシッ

プもある。アメリカの大学生の約 7 割がインターンシップを経験してから就職活動を行っている。

4. アメリカの大学での課題図書

　アメリカの大学での課題図書はものすごい量である。例えば、文学、歴史、政治学などのクラスで言えば、一週間に最低でも各教科 100 ページ以上は読んでおかなければならない。これら以外のクラスでも 50 ページぐらいの量は常に出される。一学期に 5 教科受講していれば、一週間に 300 ページぐらいは読んでいかなければならない。読んでおかないと、授業のディスカッションに参加できないばかりではなく、授業も理解できないので、どんどん遅れをとってしまう。とにかく読む技術というのは、アメリカの大学で勉強するならば必須である。

　また読む内容もさまざまであるが、学術的な本や論文も読まなければいけないので、ただ漠然と読むだけではなく、「なぜそれが起きるのか」「原因は何であるか」という疑問を持ちながら読み、事実や現象の「結果」を起こした「原因」を解明しながら読んでいく技術が必要となる。学術関係の書物を読むには、テーマとなる事実や現象、それをとりまく背景を知らないといけない。アメリカの大学での勉強は、授業で「聞いて」、課題図書で「読んで」得た知識をもとに考え、資料を探し、情報を得、文章にまとめていく、そしてそれを表現して伝えるプレゼンテーション作業の繰り返しである。この作業を徹底的にどの授業でもやらされる。だから学生たちは毎日忙しいのである。それゆえアメリカの大学で勉強すると、読む力、書く力、情報を収集する力、プレゼンテーション力がつくのである。

5. アメリカの大学での留学時代

私も留学時代、コミュニケーション学科で悪戦苦闘しながらスピーチ、プレゼンテーションの準備にかなり時間を費やした。コミュニケーション関係の授業だけでプレゼンテーション・スキルをつけたわけではなく、他の授業でプロジェクトの課題を出されるたびにプレゼンテーションはやらされた。また課題図書の量だが、学期によってはとんでもない読書量で、速読の力もかなりついたように思う。図書館でのリサーチは意外と時間がかかるが、資料や情報を収集するには絶好の場所である。ほとんど毎日家に帰るのは、図書館の閉館時間の11時であったが、留学生の私だけではなく多くのアメリカ人の学生たちも図書館をフルに活用していた。アメリカの大学で勉強したおかげで、読む、書く、話す（プレゼンテーション）、聞くスキルズを徹底的に学び、身につけることができたと思う。私にとってこの技術は生涯の宝物である。毎日の仕事をこなしていくにも、このスキルズは絶対に欠かせないものとなっている。

6. リーディングのテクニック

アメリカの大学での学習やレポート作成、研究プロジェクトでは、多量の情報の中から、本当に必要な資料を選び取ることが重要であり、情報収集の技術が必要である。またテキストを読む場合、ただ読むというだけの作業では通用しない。本の内容やテキストの構成や組み立てを理解しながら読むことが必要である。この読む力は、ペーパーやレポートの作成、情報収集など、すべてのスタディ・スキルズの基礎となる必要不可欠な技術である。

アメリカの大学での課題図書の量は多大である。読む力のある学生、つまり効果的な読み方のコツをつかんでいる学生は、成績にも比例して良い結果が出ている。例えば小説など文学的な文章と研究書、教科書、論文、新聞や雑誌の記事など説明的な文章を読むのでは読み方が違う。読み方にもスキミング（速

36 第1部 大学教育と読書

読）、スキャニング（探索読み）、クリティカル・リーディング（分析読み／精読）など、違う種類の読み方がある。アメリカの学生はこの読み方をうまく使い分けながら、多大な読書量をこなしていくのである。

6.1 資料の選び方とレポートのプランの作成

　レポートまたはペーパーの課題が出た場合、そのテーマについて自分の考えだけで書くのではなく、何らかの事実や根拠に基づいて書かなければならない。そこで必要になってくるのは、レポート作成に必要な資料である。しかし集めた資料を全部読む必要はなく、レポート作成に実際に使える部分を選択するという作業が必要である。

　まず、レポートのプランを作成し、図書検索枠のためのキーワードを選定する。テキストを読む前に、書名、目次、はしがきの確認をしておく。「目次」を見ればそのテキストに書かれている大まかな内容、どのような順序で書かれているかという構成がわかる。つまり「目次」からそのテキストのあらすじをつかむことができる。資料を集めた段階で、その本または記事のおおよその内容をタイトルやサブタイトル、解説を読んで確認する。また序文や結論の解説を読んで、だいたいの内容も把握しておく。序文は、著者の目的や題材のテーマについて簡潔に説明してあるし、問題の提起が行われ、結論の部分でその解決法や結果が述べられているので、テキスト全体の概要を知ることができる。以上の作業を、あまり時間をかけないで手早く行いながら資料を精選していく。

6.2 スキミングの仕方

　最初はあまり時間をかけないで、全体を速読することは大事である。テキストの主題と話の展開の仕方を全体的に把握するようにして概略をつかむことが大切である。著者が何を言わんとしているのか、論題について批判的か、肯定的か、などの調子もつかみながら、著者の立場や姿勢を読み取ることが必要である。そのほかにテキストの効率の良い読み方として、文章の種類、テーマ、接続語句に注目しながら、とりあえず下読み（速読）をする。下読みでは、ど

第 2 章　アメリカにおける大学教育とリーディング・テクニック　37

スキミングの仕方

・あまり時間をかけないで、全体を速読する
・テキストの主題と話の展開の仕方を全体的に把握するようにして概略
　をつかむ
・著者が何を言わんとしているのか、結論について批判的か、肯定的か、
　著者の立場や姿勢を読み取ることが必要
・文章の種類、テーマ、接続語句に注目しながら下読み（速読する）

のような種類の文章なのか、どのようなことが書かれてあるのか、テキストの
難易度を理解しておく。

6.3　スキャニングの仕方

　スキミングではテキストにさっと目をとおして、何について書かれているの
かをつかむ。スキャニングではテキストに書かれてある情報を見つけ出すとい
うことが目的である。索引や目次が役に立つ。索引から必要な情報、予測され
る質問を素早く探し出す技術を高めることができる。

スキャニングの仕方

・テキストをさっと目を通す読み方
・何について書かれているかをつかむ
・スキャニングではテキストに書かれている情報を素早く見つけ出すこ
　とが目的
・索引や目次が役に立つ
・索引から必要な情報、予測される質問を素早く探し出す

6.4　クリティカル・リーディングの仕方

　重要なポイントにマーカーで印をつけながら、論旨の展開をつかみ、分析し
ながら読む方法である。テキストにマーキングをして、読み返す時の効率性を
高めるのである。キーワードや分からない語句に印をつけることで、時間も節
約できる。また文章の構成の種類やテキストの結論がどこにあるのかを把握し

38 第1部 大学教育と読書

て、文章の大意、結論を最初につかんでから読む方法などもある。このように
して、段落ごとの要点、各段落のつながりなどを詳しく把握し、著者の主旨が
何であるかを確認しながら読んでいく。このような読み方のコツを知っている
学生は、多くの課題図書を限られた時間内にどんどんこなしていけるのである。
読んでいく時の注意であるが、「小見出し」を見た後、疑問を投げかけながら
読んでいくとよい。つまり「小見出し」への答えを探すつもりで読んでいくと
理解が深まる。次に重要な部分を見つけ出すためには、それぞれの文と文の関
係をつかみ、段落全体として何が言いたいのかを理解していくことが大事であ
る。段落には筆者が主張したいトピックが原則として一つはあるはずなので、
トピック・センテンスを探すようにして読んでいくのである。

クリティカルリーディング

- ・重要なポイントにマーカーで印をつけながら論理の展開をつかみなが
  ら、分析しながら読む
- ・テキストにマーキングして、読み返す時の効率性を高める
- ・キーワードや分からない語句に印をつける
- ・文章の構成や趣旨、結論がどこにあるのか把握する
- ・文章の大意、結論を最初につかんでから読む

- ・段落ごとの要点、各段落のつながりを詳しく把握する
- ・著者の趣旨が何であるかを確認しながら読む
- ・読む時の注意点：「小見出し」への答えを探す、疑問をなげかける
- ・トピックセンテンスを探す

このような読み方ができる学生は、多くの課題図書を限られた時間でど
んどんこなせる

6.5　要約の仕方

　次に、読むためのスキルとして重要なことは、要約である。要約するため
には、テキスト全体の流れを把握し、具体例などの細部の不必要な部分を取り
除いて簡潔な文にまとめることが必要である。要約する訓練は、文章の概要を

つかみ、重要な点を抜出し、それをもとにして感想や意見文を書き、それを述べるといったことにもつながる。要点をつかむ力は、要約する訓練から養われる。まえがき、具体例、引用、説明、繰り返し、言い換えなどの部分を見抜くことができれば、意見、主張など「どれが言いたいことなのか」をつかむことができる。段落ごとの要点を読みとることは、テキストを要約する場合に必要である。段落の要点は、たいていはその段落の最初に書かれ、最後のほうでまとめや結論が書かれてある。しかしテキストによっては、そのような展開で書かれていないものもある。その場合、要点を読み取るキーワードを見つける必要がある。つなぎ言葉、よく繰り返される言葉や、テーマと密接に関連している単語がキーワードとなる場合が多いので、その言葉に下線を引きながら読んでいく。

　要約はテキストの解説ではないので、自分の文体でまとめるようにする。アメリカの大学では、教科書や課題図書を要約することが、レポートの課題としてよく出される。つまり授業の内容を体系的に理解しているかどうか、重要な点が何であるかを見分けているか、与えられた資料を自分の言葉で簡潔にまとめて報告することができるかどうか、担当教員は知りたいのである。このような要約文作成の技術は、大学だけではなく、社会に出てからもさまざまな場面で必要とされることである。

要約の仕方

- 読むためのスキルとして重要なことは要約
- テキスト全体の流れを把握し、具体例などの細部の不必要な部分を取り除いて簡潔な文にまとめる
- 要点をつかむ力は要約する訓練から養われる
- 要約の訓練：文章の概要をつかみ、重要な点を抜き出し、それをもとに感想や意見文を書く

6.6 小説の読み方

　小説は、研究書・論文・評論などの文章を読む時とは違った読み方が要求される。アメリカの大学の文学の授業では、描かれている出来事や登場人物を通して作者のメッセージを読み取り、解釈することが必要である。小説を読み始める前に、表紙や巻末にある解説を読み、作者について、どこの国で育ったのか、どのような時代に生まれて育ったのか、どのような生涯を送ったのか、他にどのような作品を書いたか、などを知っておくと、その作品を理解する上で参考になる。

　次に小説の物語の背景、舞台について、どの国のどの地方で展開されるか、まだ登場人物がどんな社会環境で生きているかということを読み取ることが必要である。物語が展開される時代背景、時代に応じた社会環境も捉えておかなければならない。次に物語の筋書き（主要な出来事のつながり）の起承転結、物語の発端となる出来事、物語の結末が何であるか、主要な出来事は何であるか、など物語の展開を読んでいく。その出来事は主人公の心理や心境に変化を与えているかどうか、主人公が直面する問題は何であるか、登場人物の性格や人間関係はどうか、彼らのどのような性格が物語の展開に決定的な影響を与えているか、などを考えながら読み取ることも、物語を理解する上で欠かせない。

　小説の主題が何であるか、そして主題と小説の題名がどのような関係にあるかということも考えながら読んでいくこと。小説の問題点は説明文とは違って、直接には表現されていないので、作品から読み取ることが必要である。小説の主題は、多くの場合、主人公の直面する社会的、道徳的、個人的問題などであり、出来事の推移のうちに展開されることもある。作者がなぜその小説を書いたか、その意図を読み取ることも必要である。例えば、社会は時代を忠実に写し出すことなのか、批判、風刺することなのか、何かを訴えることなのか、読者を教化しようとしているのか、などさまざまである。また主題が一つとは限らない。主題が何であるか、自分なりに考え、時代背景、社会関係、人間関係など、さまざまな観点から考察し、自分の意見を述べ、そしてペーパーにまとめるといった作業が課題としてどんどん出される。

7. アメリカの大学では文学の授業は教養課程において必修科目

　アメリカの大学、特に文学のクラスはアメリカ人にとっても難しい科目の一つである。作品について解釈をしたり、意見を文章にまとめたりするのは、私も文学の授業を取っていた時よくさせられたが、今でもイギリス文学の授業でのクラス・ディスカッションやペーパーの課題で四苦八苦したのを思い出す。作品をきちんと解釈するためには、ただ単にテキストを読んだだけでは足りない。時代の社会的な背景の資料も読んでおかないと、ペーパーに意見をまとめられない。特に作者の意図は、文章の口調や文体と密接に関連しているので、私にとって中世のイギリス英語の文章の調子を理解するのは、大変難しかった。文学の授業では歴史学、社会学、人類学など、いろいろな観点から作品の主題を学ぶことができるので非常に奥深い勉強ができるのも事実である。

参考文献

江原武一「アメリカの学部教育の現状」『立命館高等教育研』（2004）　第6号、59-70頁

黒川祐一『英語のネイティブスピードリーディング』（2011）　ベレ出版

兼子元久『大学の教育力 — なにを教え、学ぶか』（2007）　ちくま新書

苅谷剛彦『グローバル時代の大学論1アメリカの大学・ニッポンの大学-TA、シラバス、授業』（2012）　中公新書ラクレ

鈴木健、大井恭子、竹前文夫『クリティカル・シンキングと教育』（2006）　世界思想社

J.S、ミル（著）、竹内一誠（翻訳）『大学教育について』（2011）　岩波文庫

津吉襄『直読・直解で極める最強の英文リーディング』（2002）　アルク

デレック・ボック（著）、宮田由紀夫（翻訳）『アメリカの高等教育』（2015）

山田礼子『アメリカの専門職養成　プロフェッショナルスクール』（1998）　玉川大学出版部

吉見俊哉『大学とは何か』（2011）　岩波新書　玉川大学出版部

関連URL

日本の大学生は本を読まない？　ピケティが出す「課題図書」は〈AERA〉

　http://dot.asahi.com/aera/2015111800095.html

15年分のデータを徹底調査してわかった、米国トップ大学の「課題図書」ランキング

　http://courrier.jp/news/archives/43484/

42　第1部　大学教育と読書

大学生の 45.2% が「読書時間ゼロ」と判明し、衝撃が広がる
　http://irorio.jp/nagasawamaki/20160229/304336/
大学生は本を買わない　（コミック、教科書以外）本を読まない
　http://society-zero.com/chienotane/archives/3775
日米大学生の、学習・読書の量と質の差
　http://society-zero.com/chienotane/archives/3823
大学関連：激突対談　下村博文　vs 佐和隆光　どうなる？ 人文系学部
　http://mainichi.jp/articles/20151009/org/00m/100/023000c
アクティブラーニング型授業は何を目指しているの？
　http://www.jeef.or.jp/child/201509tokusyu02/

第3章
初年次教育の重要性とリーディング&ライティング

杉谷祐美子[1]

1. はじめに

　筆者は初年次教育を研究テーマの1つとしており、マクロレベルの全国的な動向を調査したりする一方で、自分が担当している初年次の授業の実践研究、すなわちミクロレベルの研究も継続して行ってきた。「読書」というテーマからはいささかずれるかもしれないが、本章では、後者を取り上げたいと思う。2007年度から開始したこの授業もいまや担当して10年を超えつつある。この間、授業内容については学生の反応を見ながら微修正して今日に至っている。この10年間の歩みを改めて振り返ってみたい。

　本授業は、レポートライティングの力を育成することを主目的にした授業である。授業計画の10年にわたる変遷を振り返ってみると、ライティングの授業ではあるものの、結果的にその前提となりうるリーディングの部分に関する比重が次第に増えてきたということが言える。そこにまた、現在の日本の学生が抱える学習に関する課題が見え隠れするのではないだろうか。本書の他の論稿とも重なる部分があろうが、ライティングとリーディングとの関係、そしてそれをめぐる課題について、教育現場における学生の状況に即してみた上で実

---

[1] 青山学院大学教育人間科学部教授

証的に裏付けたいと考える。

　まず、前半では授業の概要と授業計画の10年間にわたる変遷について説明し、全国的な調査なども踏まえた上で学生の問題点を析出する。後半では、筆者の授業に対する学生の反応・評価などを紹介しながら、ライティング教育プログラム編成の課題として、ライティングとリーディングのバランスについて論じる。ライティング教育にとってリーディングがいかに重要であり、初年次の段階からその重要性への気づきを学生が得るにはどのようにしたらよいかを考えたい。

2. 担当授業科目「基礎演習」の概要

　本授業は1年次前期に開講される必修科目「基礎演習」である。筆者は教育学科に所属しており、この科目は教育学科の専門科目の1つとして位置づけられている。1クラスあたり履修者は20名程度でクラス指定になっており、1教員が2クラスを担当している。本授業は学科共通ではあるが、担当者の自由裁量の部分が多く、内容は担当教員の任意とされている。筆者は「現代の教育問題の考察　―論文作成の基礎と学びの姿勢を身につける―」というタイトルをつけている。この副題にあるように論文作成の基礎を学ぶということを中心的テーマとしてきた。

　本授業は、タイトル、到達目標、基本的な構成にこの10年間で大きな変更はない。授業の目標は、身近で具体的な現代の教育問題を素材に、①問題を多面的に考察する思考力、②「読む・書く・聴く・話す」といった学習スキル、③大学での学びの姿勢、の3つを身につけることにある。③大学での学びの姿勢とは、問いを明確にして探究する姿勢、事実に基づいて考察する姿勢、自分の考えを相対化する姿勢を指す。これらの目標を、初年次の前期から夏休みにかけて、学生各自が自分の興味関心のある教育問題について自由に問題設定し4,000字程度の論文を書くことを通じて、達成しようとしている。

　特に、問題設定を展開する序論（自分がどのような問題をなぜ設定して、ど

のような構成で論じていくのか）の作成を重視し、論文の加筆修正を重ねて段階的に書き進める方式をとってきた。というのも、学生はテーマを与えられると、それなりに書き方を踏襲して書くことはできるものの、自分の問題関心に即して論理的な文章を書くというのが非常に難しいからである。それは3年次以上のゼミの学生を見ていても思うところであり、本授業はかなりハードルが高いようだが、学生の専門分野に関する問題関心を1年次から少しでも喚起したいという狙いから、こうした形式で継続して行ってきた。また、グループワークを取り入れたような協調学習や、ワークシートに思考の結果をまとめて振り返りができるような工夫もしてきた。学生にはほぼ毎回宿題を課し、学生はそれらの提出物を持ち寄り、グループで検討・相互批評し、グループワークから気づいたことを各自でワークシートにまとめ、提出物をすべてファイル（一種のポートフォリオ）に保存することとなっている。

3. 授業計画の変遷

　それでは、授業計画の変遷をみてみよう。前述のように、本授業のプログラムは大きく変更していないが、毎年度、学生の学修成果や授業に対する反応・評価を確認しつつ、教育内容や教育方法を振り返り、必要に応じて次年度以降に試験的な要素を盛り込み、微修正を図ってきた。本節では2年ごとの授業計画を示し、10年間でどの部分を変更してきたか、ポイントとなる部分に絞って振り返ってみたい。

　表1における最初の2007年度の授業計画では協調学習を重視し、ブログを利用して学生の提出物などを掲載し、学生同士のピアレビューができるようなシステムを構築していた。しかし、これは維持していくのがかなり大変であった。教員からのコメントだけではどうしても手が回らず、TAの協力なども得ていたが、結果的に長続きはできなかった。ブログの利用については効果があることも確認できているのだが（杉谷・長田・小林 2009；小林・杉谷 2009）、学生へのフィードバックを含めた維持管理がやはり課題となってくる。

46　第1部　大学教育と読書

表1　授業計画（2007 ～ 2011 年度）

回数	2007年度 テーマ	2009年度 流れ	2009年度 テーマ	2011年度 流れ	2011年度 テーマ
①	オリエンテーション	1.ガイダンス	オリエンテーション	1.ガイダンス	オリエンテーション
②	図書館の利用		論文を書くとは	2.資料読解	本の読み方
③	ブログの利用	2.資料検索	図書館の利用	（グループ学習）	批判的読み（1）
④	論文の読み・書きの注意①	3.資料読解	批判的読み（1）		批判的読み（2）
⑤	先行研究の検討（議論）	（グループ学習）	批判的読み（2）	3.論文作成法	論文の書き方
⑥	論文の書き方		批判的読み（3）	4.資料検索	図書館の利用
⑦	問題設定（議論）	4.論文作成準備（グループ学習）	先行研究の検討（1）	5.論文作成準備（グループ学習）	先行研究の検討(1)
⑧	論文の読み・書きの注意②		問題の設定		問題の設定
⑨	アウトラインの作成（議論）		先行研究の検討（2）		先行研究の検討(2)
⑩	プレゼンテーションの技法		主張の確認		主張の確認
⑪	アウトラインの発表（1）		アウトラインの作成		アウトラインの作成
⑫	アウトラインの発表（2）	5.発表	アウトラインの発表(1)	6.まとめ	まとめ
⑬	アウトラインの発表（3）		アウトラインの発表(2)		
夏季休業		6.論文作成		7.論文作成	

　2009 年度には、ブログを使用しない代わりに、ピアレビューの力を高めるために授業内容を修正した。授業を行っていくうちに、読むことの重要性、特に多面的な思考力を育成するという意味で、クリティカル・リーディングの重要性を痛感したからである。それまで、ポイント、ポイントでは取り入れていた新聞記事などを題材にしたクリティカル・リーディングの課題をまとめて、3 回に分けて「批判的読み」の時間を設けることにした。

　そして 2011 年度には、批判的読みももちろん重要であるが、その前の段階の本の読み方からきちんと指導しないことには学術的な文章を読みこめないことを実感し、概要をつかむための速読的な読み方や内容を正確に理解するための精読する方法などを教えるようになった。第 2 回の授業「本の読み方」がそれである。

　このように、授業の流れについては、骨格自体はほとんど変わっていない。要するに前半ではガイダンスから始め、論文の書き方を説明して、資料検索の方法などを教えた上で、クリティカル・リーディングの実践演習を交えている。なお、当時はクリティカル・リーディングの実践演習の際に、同僚の認知科学の先生が開発された EMU（Emotional and Motivational Underliner）とい

うシステムを試験的に利用していたりもした（鈴木・白石・鈴木 2009）。

　こうした学習スキルを踏まえて、後半では自分の問題関心に関わるような先行研究のレビューを作りながら序論を発展させていき、中間論文、完成論文に至るという形で行っている。2009 年度の例でいえば、各回の主な提出課題は、第 7 回「先行研究の検討（1）」⇒ 第 8 回「序文（1）」⇒ 第 9 回「先行研究の検討（2）」⇒ 第 10 回「序文（2）」⇒ 第 11 回「序文（3）」⇒ 7 月末「中間論文」⇒ 8 月下旬「完成論文」となっている。このうち、序文（1）〜（3）と中間論文は教員と TA がルーブリックで評価し、さらに序文（3）と中間論文については教員と TA が添削をし、それぞれ 500 字程度のコメントを付けていた。

　ところで、2009 年度の授業実践についてはルーブリックで評価した結果に基づき、観点別の点数の推移を分析した研究を行っている。また、前述の提出課題の授業の終わりに、その都度授業を振り返るワークシートの記述を求めており、それもあわせて分析した。この研究の中で得られた知見に関しては、小林・杉谷（2012）、鈴木・杉谷（2012）を参照してほしいが、特にここではリーディングに関わるものを紹介しておきたい。それは、自分の論文の反省点を自覚し、意識的にそれをワークシートに書いて、そのワークシートに書いた内容をその後の論文に活かして改善を試みていた学生が、最終的に論文の点数が高かったということである。いわば真面目な学生の論文が高評価だったということだが、重要なのはきちんと振り返りができるかどうかということである。これを詳しくみてみると、振り返りの結果、文献をうまく活用できている学生は問題関心が明確化していくとともに、その問題をいろいろな側面から、ある意味、相対的に捉えられるような傾向が出てきたということである。そして論証部分を含めて、論文の記述がかなり具体化して客観性を増していくということもワークシートの記述と論文の記述を照らし合わせて分かってきた。

　実際、成績評価が高い上位群の学生たちは下位群の学生たちよりも、論文の説得力を高めるためにデータや文献を用いる必要性について、ワークシートで触れている。上位群の学生では 10 名のうち 8 名が言及しているのに対して、下位群の学生は 9 名のうち 2 名しか触れていない。その後、どのように論文

の記述に反映され、発展していったか、例を示そう。成績上位群の学生 B の
ケースでは、教師とスクールカウンセラーの連携をテーマにしており、最初は
「不登校の生徒に対してのカウンセリングに興味があります」という程度の記
述であった。ところが、テーマに関する先行研究を読んでいくうちに、スクー
ルカウンセラーには外部性と専門性という役割、特徴があることを知り、「で
は、学校の教員とスクールカウンセラーとでは何が違うのだろうか」とか、
「スクールカウンセラーは本当にその役割を果たしているのだろうか」といっ
た疑問がわいてきて、先行研究を参考にした上で、自分の主張へと論を展開し
ていくようになった。また、最初は成績が悪かった学生でも、徐々に上がって
いった例として次のようなケースが見られた。成績下位群から中位群に上昇し
た学生 F は、「子どもの遊び環境の変化による影響」をテーマとしていたが、
子どもの遊び環境に関する保護者調査を読んでみて、「保護者の見解は分かっ
たけれども、実際の子どもはどのような意識でいるのだろうか」と疑問が起き
ている。たわいのない素朴な疑問かもしれないが、このように学生は文献を利
用しながら、自分の関心を深めていったり、批判的に検証したりしていくこと
を少しずつ理解していき、その様子がワークシートの分析から明らかになって
きたのである（小林・杉谷 2012）。

　さて、その後の授業計画の変遷をみてみよう（表2）。2013 年度には、前述
した研究成果に基づいて、自分の問題関心に関わるような先行研究をレビュー
していくような時間をもう少し増やしたほうがよいのではないかと、批判的読
みのテクニック的なことよりも「先行研究の検討」の授業回数を 1 回増やし
た。そしてその 2 年後の 2015 年度には、課題の中身そのものから変更した。
2013 年までは読んできた文献を要約して、それに対する批評を書いてくると
いう事前課題を出し、授業ではこれに基づき、グループディスカッションをし
ていた。しかし、2015 年度からは「文献の情報整理と検討」という授業テー
マに変更し、文献を読んでくるのは授業外の課題として、読んできたものを授
業内で引用したり、まとめたりすることを行うようになった。詳細は後述する
が、単に書き出すだけではなく、引用箇所にコメントなども付したりした。要
するに、レビューそのものよりも、文献の内容について情報整理することに力

第3章 初年次教育の重要性とリーディング&ライティング　*49*

表2　授業計画（2013〜2015年度）

回数	20013年度 流れ	テーマ	2015年度 流れ	テーマ
①	1. ガイダンス	オリエンテーション	1. ガイダンス	オリエンテーション
②		本の読み方		本の読み方
③		ピア・レビュー	2. 資料読解	批判的読み
④	2. 資料読解	批判的読み（1）		論文の書き方
⑤		批判的読み（2）論文の書き方	3. 資料検索	図書館の利用
⑥	3. 資料検索	図書館の利用		文献の情報整理と検討（1）
⑦		先行研究の検討（1）	4. 論文作成準備	問題の設定
⑧		問題の設定		文献の情報整理と検討（2）
⑨	4. 論文作成準備	先行研究の検討（2）		主張の確認と根拠
⑩		先行研究の検討（3）		プレゼンテーションの技法
⑪		主張の確認	5. 発表	アウトラインの発表（1）
⑫		プレゼンテーションの技法		アウトラインの発表（2）
⑬	5. 発表	アウトラインの発表（1）		論文の作成（1）
⑭		アウトラインの発表（2）	6. 論文作成	論文の作成（2）
⑮		まとめ		まとめ
夏季休業	6. 論文作成			

点を置いて、プログラムを修正していったのである。

　以上、この10年間の授業計画の変遷を改めて概観すると、担当当初は、レポートライティングということでライティング・スキルの育成のみに傾注していたが、比較的早い段階からリーディング・スキルの必要性を認識しはじめ、それに対応する授業時間を増やすようになっていったことが明らかである。また、当初は「問題設定」に関心を持っていたのが、しだいに論文における「主張」やそのための「論証」にも同様に力を置いていくようになり、「序論」から「中間論文」の課題を重視するようになっていった。

　これらに伴い、授業の重点は「論文を書く」から「文献を読む」へ、「批判的読み」から「情報整理と検討」へ、「ディスカッション」から「シートでのレビュー」へ、「グループ学習」から「個別学習」へシフトしていると整理することができる。つまり、論文を書くということよりも文献を読むということ、しかも批判的に読むだけではなくて、インプット部分の情報整理に力を入れるようになったのである。また、協調学習ももちろん重要であるが、苦慮す

る点の1つにグループによって学習が活性化されるところとそうでないところが出てきてしまうことがある。15回という限られた授業回数の中で、授業外学習とバランスをとりながら、どのように学習を効果的に行うかを考えたときに、グループによるディスカッションは残しつつも、一部はシートでレビューする方式に代替したり、個別学習にも力を入れたりして、授業時間をできるだけ効率的に使えるように試行錯誤してきた。

4. 2015年度の授業実践の詳細

では、表2の2015年度の授業計画に基づき、実際に各回の授業でどのように取り組んでいるかを詳しく述べよう。この授業計画が最新の2016年度と同じものである。

まず第2回の授業では「本の読み方」をテーマに、資料を選ぶ、速読する、精読する、さらに深く読む（要約する、感想・意見をもつ、疑問をもち批判する）ということとそれらの読み方のポイントを概説する。この回は講義中心になる。

これを受けて、第3回の授業では「批判的読み（クリティカル・リーディング）」について説明する。ここではクリティカル・リーディングを「与えられた情報を鵜呑みにせず、複数の視点から注意深く、論理的に分析する読み方」と定義し、単に批判すればよいというわけではないことを強調する。そして、クリティカル・リーディングを通じて、問いを発見できる可能性があること、情報・主張の妥当性を判断できる力を養うことができること、さらにそういう力が身についていけば自分の文章を推敲する力の向上にもつながることを説明する。

ここで実際に行う課題演習は難しいものではなく、きわめてシンプルに、自分の直感に基づいて気になったところに印をつけてコメントを付すという方法をとっている。前述のように、以前はこれをEMUというシステムを利用して、オンライン上で印をつけてコメントを付し、グループのメンバー間で印が

重なる部分を参照して議論させていたが、現在はこれをペーパーベースで行っている。学生には、文章を読んでいて気になった部分について、戸田山（2002）を参考にして鈴木・白石・鈴木（2009）が考案した4種類のタグを用いて分類させる。これは、「？」（疑問が残る、意味がとれない箇所）、「ムカッ」（反発したいと思った箇所）、「へぇ」（知らなかった、意外だと思った箇所）、「そうそう」（同意できると思った箇所）の4種類であり、この印を付けた部分に対して、なぜそう思ったのかコメントを付けてもらうようにしている。これらの作業は、疑問が残る点や、逆に同意できる点というのがどのあたりにあるのかを意識化し、自分の問題関心を探っていく作業にもなることを説明する。なお、ここで使用する文章は、同じテーマに関して真逆の主張をしている小論である。グループによって読むものを変えて、後で異なる文章を読んだ者同士でディスカッションをさせることによって、同じテーマであるにもかかわらず、こんなにも両極端に意見が異なるのだということを理解させるところに1つの狙いがある。正直なところ、この課題にはもう少し時間をかけられればよいと思うが、ライティングに直結する読みにもっと時間をかけたいということで、これは1回程度の授業で終えている。

　こうして、「文献の情報整理と検討」というテーマで新たに取り入れたプログラムを、第6回〜第8回、第10回のおよそ4回分を使って行うようになった。ここでは、事前に読んできた文献の内容をひたすらまとめるという作業をしている。学生は自分で作成した文献表に基づき、文献1点（雑誌論文ならば1本全部、図書ならば1章分以上）を選んで授業前に精読し、重要な箇所に印をつけるとともに、「批判的読み」を参考に、印やコメントをつけておく。授業では、論文を書くために必要そうな文献の内容を引用・要約し、それぞれにコメントを書き（出典箇所も記録）、これまでの調査から明らかになったことや今後の計画（不足している情報、今後調べなければならない内容など）についても記入することになっており、学生は黙々とA3のシートに記載する。ちなみに、第11回〜第12回の授業では、「アウトラインの発表」として、論文の序論部分をベースにしたプレゼンテーションを行う。このプレゼンテーションの前段階までで文献を5点読むこととして、このシートを5枚提出させる。

52 第1部 大学教育と読書

表3 論文の草稿に関する課題とスケジュール

「序論」（600字程度、それ以上も可）…5月中旬
　・何を取り上げるのか
　・取り上げる問題を明確に説明しているか
　・それを取り上げる目的（理由）は何か、あるいは、それを取り上げることが
　　どういう意味を持っているのか
　・それをどのような構成で論じていくか
「中間論文（1）」（1,000字程度、それ以上も可）…6月上旬
　・取り上げる問題について、これまでどのようなことが明らかになっているか
　・取り上げる問題について自分はどう考えているか
　・なぜ自分はそのように考えるのか
「中間論文（2）」（3,000字程度、それ以上も可）…7月中旬
　・本論を書き進めた作成途中段階のもの

そして、プレゼンテーションが終わったあと中間論文の準備をする段階までに、さらに文献3点を目標に読むようにと指導している。

　各学生が作成する論文の草稿に関する課題とスケジュールの目安は表3の通りである。前の課題に修正追加を行い分量を徐々に増やしていきながら、1カ月に1回程度必ず途中段階の論文を提出させて、学生同士のレビューを行ったりしている。「中間論文（1）」と「中間論文（2）」は、教員とTAが添削しており、教員は簡易版ルーブリック（18の評価観点、2段階尺度を基本、コメント欄から構成）を試験的に利用して添削をし、授業内では学生に口頭で助言をするなどの個別指導もしている。

　このように、この授業はほぼ毎回宿題を課す、学生にとってかなり負担の大きい授業となっている。それだけに、授業外学習だけでなく、授業内の学習も効果的に進めてほしいとの思いで、2015年度からは最後の3回の授業を3,000字程度の「中間論文（2）」のための「論文の作成」時間に充てている。このようなスケジュールにしたのは、15回の授業回数を確保するために授業期間が8月の最初まで延びてしまった上に、成績評価との関係で、最終論文の提出期限を早くせざるをえないことにより、学生が夏休みにゆっくり論文を書くことができなくなってきたという事情がある。ただでさえ、授業期間の終わりの方や

試験期間には他の科目の勉強も増えることから、基礎演習の論文にばかりそう
そう時間を割くこともできない。こうしたことから、授業期間の最後の2、3
回は自習という形で個別指導を入れながら、パソコンルームで個々が論文を書
いていくという時間に充てている。

5. 学生の問題とは

　さて、これまで述べてきた授業計画の変遷は、ライティングにとってのリー
ディングの必要性から説明してきたが、それにとどまらず、現在の学生の学習
姿勢や意識とも深く関連しているのではないだろうか。ライティング支援等の
ニーズに関する先行調査をみると、自身の授業実践でも思い当たる点がいくつ
かみられる。

　例えば、図書館やラーニングコモンズ等のレポート相談の窓口に来る学生
は、かなり切羽詰ってからやって来て、しかも授業や課題を理解しておらず、
時には「担当の先生、誰だっけ？」といった状態で来る学生が少なくないとい
う（山本 2003）。これは、そもそもライティング支援以前の問題であり、何を、
どうしたらいいのかが分からないような、学習の主体としての自覚が乏しい学
生がいるということである。また、渡辺（2013）によれば、レポートに苦手
意識を持つ学生ほど、事前によく構想しないままに、とにかく字を埋めようと
いう感覚で書き始めるが、もともとアイデアが十分に煮詰まっていないために
やがてネタ切れを起こし、途中で行き詰まってしまい、文章の引き延ばしに苦
心するということである。さらに、上岡（2008）は、情報リテラシー教育を
取り上げ、学生は実際に必要になったときにこそ支援を受けたいと望むのであ
り、学生の学習の文脈のなかで、個別に安心できる対応をすることの必要性を
論じている。筆者の授業経験においても、4年次の卒論生が3年次のゼミ生と
一緒に図書館の資料検索ガイダンスを受けたときに、いかに文献が大事なのか
ということに気付かされ、「1年前に気づいていればよかった、もっと教えて
もらっていればよかった」と口々に言うことがあった。1年間ゼミで学び、ゼ

54 第1部 大学教育と読書

ミ論を書いてみて、そして、4年次になっていざ卒論を書き始める段階になって、改めて文献の重要性について身をもって理解したのである。これは大学生に限ったことではないだろうが、いくら教えられても必要に迫られないと分からない、なかなか身につかないということはあるのではないかと思われる。

　こうした状況を踏まえると、要するに、より深刻な問題は学生の受け身な学習姿勢ではないかと考えられる。結局は、書き方そのものよりも何を書いたらよいのか分からないというのが学生の一番の問題ではないだろうか。書くことよりも、書くべき内容、その前提となるインプットの部分というのが非常に弱く、日頃から考えることや読むことが足りないために、書くのが難しいのである。とりわけ、初年次の学生は素直で問題意識が稀薄な場合が多く、そのため何か情報を与えられてもどれが重要なのか、どれに疑問を持ったらよいのか十分に判断できないのではないかと、授業を通じて思うようになってきた。たしかに、最初にこちらからテーマを与えていれば、本学の学生はレポートの書き方を理解し、ある程度まとまった文章を書くことはできる。しかし、書き方は理解できても、いざ自分の問題関心を明確にしてそれに沿って適切に書くこととなると難しいのである。特に、筆者が教えている学生たちは教育学科の学生で教育問題を取り上げるにもかかわらず、作成は難航する。これには、日頃の問題意識や学習態度・学習習慣等が影響していると言わざるをえない。それゆえ、ライティング教育においてはむしろ書くことよりも考えること、書くことよりも読むことに留意すべきではないだろうか。

　ここで筆者が共同研究の一員として関わったベネッセの全国調査に基づき、学生の傾向を見てみたい。まず、1週間あたりの学生の生活時間を見ると、「読書（マンガ、雑誌を除く）」についてゼロ時間と回答している学生が2008年段階では20.3％だったのが、2012年には28.3％と増えており、読書離れがやや進んでいることがわかる（川嶋・杉谷他 2013、p.55）。つまり、リーディングの機会が減ってきているということである。

　また、図1はこの学生調査と同じ質問を用いた社会人調査の結果を並べたものである（池田・杉谷他 2015、p.16；杉谷 2016）。社会人は23-34歳、40-55歳と年齢層を分けて、学生とどの程度意識が異なるかを比較している。質

第3章 初年次教育の重要性とリーディング&ライティング　55

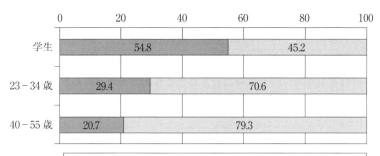

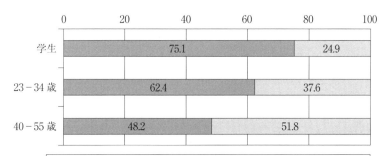

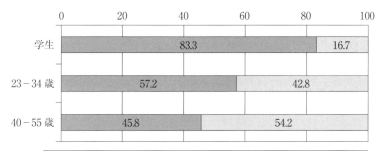

図1　大学生と社会人の大学教育に対する考えの比較（％）
（池田・杉谷他（2015）、p.16 に基づき作成）

56 第1部 大学教育と読書

問は相対立する選択肢の中からどちらの考え方に近いかを選ぶ形式になってお
り、これらを見ると、学生では「単位を取るのが難しくても、自分の興味のあ
る授業がよい」というのは半数以下なのに対して、社会人は実に7割を超えて
いる。社会人は現在、授業履修の当事者ではないためになんとでも言えるのか
もしれないが、「あまり興味がなくても、単位を楽に取れる授業がよい」が学
生のほうで過半数を占めていることからすると、かなり意識の差は大きいとい
えそうである。さらに特筆すべきは、「学生が自分で調べて発表する演習形式
の授業が多いほうがよい」という回答が、学生では2割に達していないのに対
して、社会人は4〜5割が演習形式の授業が多いほうをよいとしている点で
ある。要するに、ほとんどの学生は講義形式が多いことを望んでいるわけであ
る。日本の大学では学生が多くの科目を同時併行に履修するために1つ1つ
の授業に十分な学習時間をとれず、授業外学習やアクティブラーニングを進め
づらいということはあるだろうが、学生と社会人とでは非常に対照的な結果と
なった。全般的に、学生と社会人の大学教育に対する考え方には相当のギャッ
プがある。学生は負荷が少ないような授業を好む傾向があり、ついつい易きに
流れてしまう。ここにも学生の受け身な姿勢や学習態度が表れていると言える
だろう。

6. 授業アンケートにみる学生の論文作成に対する評価

　再び、基礎演習の授業の話題に戻ろう。本授業の最後、タイミングとしては
実際に論文を書き終わった後に、毎回学生から授業に対するアンケートを提出
してもらっている。
　図2は論文作成の理解度の結果である。これについては評価が難しいとこ
ろだが、「理解できた」という学生は以前よりは少しずつ増えている。2007年
度は2.6％だったのが、2013年度は11.4％、2015年度は12.2％、そしてここ
には示していないが、2016年度は23.1％であった。大部分は「ほぼ理解でき
た」であり、2013年度が80.0％と多かったものの、それ以外は65％程度であ

第3章　初年次教育の重要性とリーディング&ライティング　57

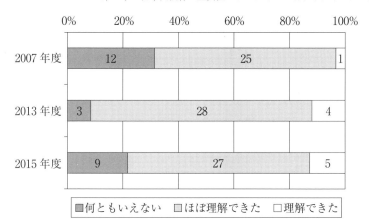

図2　基礎演習履修者の論文作成の理解度（人）

る。また、「何とも言えない」という学生も一定数いる。ただし、これはあくまでも学生の自己評価であるため、この結果を額面どおりに受け取ってよいかという問題はある。「理解できた」と言っている学生が本当に論文を良く書けているかというと、必ずしもそうとばかりはいえない。むしろ、「ほぼ理解できた」と回答している学生のなかに書き方はある程度理解できるけれども、自分がきちんと実践できていたかどうか自信がないといって、自己評価が過剰に厳しくなっている場合もあるからである。

　このアンケートでは、論文作成に役立った内容を5点満点で尋ねている。2013年度の結果は理解度ばかりでなく、全体的に高評価で、これらの平均値も高めに出ていた。この2013年度と2015年度の結果を比較すると、軒並み、平均値が0.2程度下がっているが、その中でも平均値が2013年度とほとんど変わらなかったものがいくつかあった。それが表4の下線を引いた部分である。その1つに新しく導入した「文献の情報整理と検討」が含まれている。以前に行っていた「先行研究の報告と検討」（2013年度は4.33）よりも、情報整理の部分が追加され、それが学生に役立ったと評価されているのならば導入した甲斐があるといえよう。これ以外に平均値がほぼ2013年度と同様であったのが、「序論『問題の設定』の報告と検討」（2013年度は4.58）と「『アウトラインの発表』のプレゼンテーション」（2013年度は4.50）である。

58　第1部　大学教育と読書

表4　2015年度基礎演習履修者の論文作成への役立ち度の評価

	度数	平均値	標準偏差
「本の読み方」の講義（第2回）	41	4.49	.675
「批判的読み」の課題演習（第3回）	41	4.37	.662
「論文の書き方」の講義（第4回、第6回、第8回〜第9回）	41	4.61	.628
「図書館の利用」のガイダンス（第5回）	41	4.34	.794
文献の情報整理と検討（第6回〜第8回、第10回）	41	4.32	.722
序論「問題の設定」の報告と検討（第7回）	41	4.56	.673
中間論文（1）「主張の確認と根拠」の報告と検討（第9回）	41	4.49	.675
「プレゼンテーションの技法」の講義（第10回）	40	4.35	.662
「アウトラインの発表」のプレゼンテーション（第11〜12回）	41	4.46	.711
授業内での「論文の作成」と個別指導（第13〜14回）	41	4.46	.809
7月の提出課題「中間論文（2）」の作成	41	4.51	.711
自分の課題に対する他の学生からのコメント	41	4.44	.923
他の学生の課題に対してコメントすること	41	4.07	.905
テーマが類似する人との議論	41	3.98	1.129
テーマが異なる人との議論	41	3.98	.908
中間論文（1）（2）への教員・TAからの添削	41	4.76	.538

役に立った（5）〜役に立たなかった（1）

　反対に、平均値が2013年度より大幅に下がったもの、また2015年度の他の項目に比べてもかなり低い結果となったものが太字の部分である。総じて、ディスカッションに関する項目の「役立った」という平均値が下がっている（2013年度は「他の学生の課題を読んでコメントすること」4.56、「テーマが類似する人との議論」4.61、「テーマが異なる人との議論」4.31）。以前よりも、ディスカッションの機会が少し減ったということも影響しているのかもしれないが、ディスカッション以外の作業のほうが論文を書く上では役立ったという感覚が強いようである。特に、論文の成績評価が良い学生のほうが論文の評価

第3章　初年次教育の重要性とリーディング&ライティング　*59*

表5　2015年度基礎演習履修者の論文の評価別役立ち度の評価

	論文の評価（人）		
	A（20）	B（19）	C（2）
「本の読み方」の講義（第2回）	4.60	4.42	4.00
「批判的読み」の課題演習（第3回）	4.45	4.37	3.50
「論文の書き方」の講義（第4回、第6回、第8回〜第9回）	4.75	4.53	4.00
「図書館の利用」のガイダンス（第5回）	4.50	4.21	4.00
文献の情報整理と検討（第6回〜第8回、第10回）	4.50	4.16	4.00
序論「問題の設定」の報告と検討（第7回）	4.70	4.47	4.00
中間論文（1）「主張の確認と根拠」の報告と検討（第9回）	4.75	4.32	3.50 *
「プレゼンテーションの技法」の講義（第10回）	4.40	4.33	4.00
「アウトラインの発表」のプレゼンテーション（第11〜12回）	4.50	4.47	4.00
授業内での「論文の作成」と個別指導（第13〜14回）	4.45	4.47	4.50
7月の提出課題「中間論文（2）」の作成	4.55	4.53	4.00
自分の課題に対する他の学生からのコメント	4.35	4.58	4.00
他の学生の課題に対してコメントすること	3.95	4.21	4.00
テーマが類似する人との議論	3.85	4.16	3.50
テーマが異なる人との議論	4.10	3.95	3.00
中間論文（1）（2）への教員・TAからの添削	4.85	4.74	4.00

* p<.05　　　　　　　　　　　　　役に立った（5）〜役に立たなかった（1）

別役立ち度の平均点は高い傾向にあるのだが、表5を見ると、ディスカッションを評価しているのは下線を引いた中間的な成績の学生であることが分かる。学生3群で比較した場合、統計的な有意差は示されていないが、成績が高かった学生はディスカッションをそれほど評価していないのである。

　ところで、2015年度の記述回答を見ると、リーディングに関する内容が多く出てくる。論文作成で難しかった点については、「適した文献・情報を見つけること」「客観性をもって、根拠を示すこと」「自分の意見を一貫性があるように書くこと」「論文の構成」「事実と意見を区別して書くこと」などが挙げら

れたが、中でも、「適した文献・情報を見つけること」がかなり多くみられた。また、自分の課題や今後学びたいこととして、「知識や情報量を増やしたい」「資料や情報の信頼性をもっと吟味して、整理できるような力を身につけたい」というコメントも多数挙がってきた。41名中30名、およそ4分の3の学生が文献や情報の収集・読みについてアンケートのどこかで言及している。以下に、記述回答の例を紹介したい。

　第1に、参考文献の重要性を自覚するような意見である。例えば、「…今では論文には参考文献が重要なカギを握っていることを理解することができました。ただの感想文で終わるのではなく、自分で調べたり、読んだりした資料を参考にしながら、自分の主張を強力なものに固めていく方法を少しはできるようになったと感じています」や、「参考文献がしっかりしたものでないと論文もしっかりとしたものにならないので、そこを判断するのが難しかったです」などである。

　第2に、第1の例にも少し表れているが、適した文献を見つけるのが難しいという意見である。「適切な参考文献を見つけるのに苦労し、難しいと感じた。（中略）特に、教育に関する文献には様々な意見を持つものがあり、何が最も適切であるか見極めるのが難しいと感じた」「よりよい論文を書くためには、授業で扱った数の文献では足りないと感じました。自分の課題としては、批判的読みが習得しきれておらず、つい筆者の意見に流されてしまうところだと思いました」といったように、ここには文献の価値をしっかり判断できる力を身につけたいという記述も含まれている。

　第3に、情報の整理を丹念に行うことや情報の関連性を見極めることの必要性も述べられている。「今回の論文を書くにあたって、文献を見る際に何度もいろんなページを探すということが多々あったので、最初の頃授業で行った、文献の情報についての整理をより正確に行えるようにならなければいけないなと感じました。またそのように文献の内容を簡潔にまとめるのと同時に、筆者の主張を短くまとめて、ほかの文献の筆者の主張とどのような関係にあるか（正反対の主張をしているなど）をまとめておければ、論文を書いている途中でも考えをまとめやすいと感じました」という記述や、「論文を書く前のテー

マ設定、文献入手、構成、1つ1つに時間をかけてしっかり吟味しなければ、後で行き詰ってしまうということを実感した。特に、構成を練る際、さまざまな資料から必要な情報を選択し、それを関連付けて1つのテーマに絞ってつなげていくのが難しかったです」という記述である。

　5節でも述べたように、やはり学生は必要に迫られないと学習課題の重要性がわからないのである。文献の探し方や文献の情報整理と引用については、最初だけでなく、その都度、何のためにこのような作業を行っているのかという説明はするものの、なぜこのようことをやっているのか、その意味を理解することがなかなか難しく、実感が伴わないようである。しかし、実際に論文を書いてみて、いろいろな困難にぶつかりながら作成していく中で、「ああ、あの情報が何ページに出ていると記録しておけばよかったな」とか、「情報と情報の関係やつながりを考えながら記録をとればよかったな」といったことに気づくのではないだろうか。最終的に論文を書き上げてみて、自分の論文の不十分なところや今後の課題などが見えてくるのだと思われる。

7. ライティング教育プログラム編成の課題

　近年、日本でも、文献の読み方に関するテキストブックは少しずつ出ているものの、管見のかぎり、ライティングの教材のなかで文献の読み方を大きく取り上げたり、丁寧な説明がなされていたりするものはあまり見られない。

　この数少ないものの中に、慶應義塾大学の図書館において、「ピア・メンター」として学習相談員を担当している学生が執筆し、教養研究センターが監修したテキストがある（慶應義塾大学教養研究センター監修・慶應義塾大学日吉キャンパス学習相談員著 2014）。同書は、学生ならではの視点からレポート作成のポイントが記されており、そこには教員が気づかないような発想がみられる。その1つが、「参考文献って何？　どう使うの？　どう書くの？」という章である。ここでは、参考文献を自分の議論の客観的根拠として利用する、自分の議論の枠組みの参考にする、対決すべき先行研究として設定する、といっ

た利用目的が説明されている。こうした説明の仕方は通常のテキストではほとんど見たことがないが、学生の本音としてはそもそも何のために文献を使うのかよく分からないのであり、学習相談員の学生たちもこういった質問を日常的に受けるからこそ、テキストの一部に盛り込まれたのであろう。そう考えると、これまで文献を利用してレポートを作成することをまるで当たり前のように捉えていたが、文献を読む、利用するということを学生の身に引きつけて考え、さらに丁寧に説明していくことも必要なのかもしれない。

　文献を読み込み、その信頼性を吟味した上で適した情報を見つけるというリーディングの重要性は、筆者自身この10年間の授業で強く認識してきた。そして、学生がこうしたリーディングの重要性に気づくことができるのも、またライティングの営みを通じてなのである。学生自身が実際にレポートを書いてみて、どれだけ自分に知識が足りなかったのか、インプットの部分が不足しているのかを自覚してはじめて分かることではないだろうか。少なくとも私が教えてきた学生はおよそ初めてに近い経験となる長文の論文を書いていくなかで、あるいは書き終わってみて、改めて文献を読むことが今後の自分の課題だと実感できるようになる。その重要性に早く気づき、文献を活用できた学生が、論文の評価が高かったことはすでに述べた通りである。仮に、学習スキルの習得のためにさまざまなアクティブラーニングの機会を設けたとしても、そうした気づきを伴わなければ、十分に理解することも身に付きもしないことだろう。そうした気づきの機会をもたらすように、ライティングとリーディングのタイミングとバランスをどのように工夫し、初年次教育におけるライティング教育プログラムを編成していくかが今後の課題といえる。

参考文献

池田輝政・杉谷祐美子他（調査企画・分析）（2015）『「大学での学びと成長に関するふりかえり調査」速報版』㈱ベネッセホールディングス　ベネッセ教育総合研究所

上岡真紀子（2008）「慶應義塾大学における利用者調査の事例」『情報の科学と技術』58巻6号、pp.278-284

川嶋太津夫・杉谷祐美子他（調査企画・分析）（2013）『第2回大学生の学習・生活実態調査報告書』（研究所報 VOL.66）㈱ベネッセコーポレーション

第 3 章　初年次教育の重要性とリーディング＆ライティング　*63*

慶應義塾大学教養研究センター監修・慶應義塾大学日吉キャンパス学習相談員著（2014）『ア
　カデミック・スキルズ　学生による学生のためのダメレポート脱出法』慶應義塾大学出版会

小林至道・杉谷祐美子（2009）「6 章　ブログの積極的・継続的利用が促す問題への振り返り」
　鈴木宏昭編著『学びあいが生みだす書く力　大学におけるレポートライティング教育の試み』
　丸善プラネット株式会社、pp.113-132

小林至道・杉谷祐美子（2012）「ワークシートの利用に着目した論文発展プロセスの分析」『大
　学教育学会誌』第 34 巻第 1 号、pp.96-104

杉谷祐美子（2016）「［第 3 回］大学を卒業して実感できる大学での学びの意義」（【特集
　13】大学での学びと成長〜卒業生の視点から振り返る）『教育フォーカス』㈱ベネッセ
　ホールディングス　ベネッセ教育総合研究所（http://berd.benesse.jp/feature/focus/13-
　learn_growth/activity3/）

杉谷祐美子・長田尚子・小林至道（2009）「5 章　協調学習を通した気づきと問題設定の深まり」
　鈴木宏昭編著『学びあいが生みだす書く力　大学におけるレポートライティング教育の試み』
　丸善プラネット株式会社、pp.87-112

鈴木宏昭・杉谷祐美子（2012）「レポートライティングにおける問題設定支援」『教育心理学年
　報』第 51 集、pp.154-166

鈴木聡・白石藍子・鈴木宏昭（2009）「マーキングと感情タグの付与によるライティング活動
　における批判的読解の誘発」『情報処理学会研究報告』2009（15（2009-CE-98））、pp.97-
　104

戸田山和久（2002）『論文の教室　レポートから卒論まで』日本放送出版協会

渡辺哲司（2013）『大学への文章学　コミュニケーション手段としてのレポート・小論文』学
　術出版会

山本和子（2003）「図書館の学習支援事例紹介 ― 日本福祉大学付属図書館におけるレポート・
　論文相談窓口の取り組み ―」『館灯』41 号、pp.23-26

第4章

大学図書館におけるラーニングコモンズの取組と読書

佐々木俊介 [1]

1. はじめに

ラーニングコモンズは、「変革する大学にあって求められる大学図書館像」（平成22年12月　科学技術・学術審議会　学術分科会　研究環境基盤部会学術情報基盤作業部会）では「複数の学生が集まって、電子情報資源も印刷物も含めたさまざまな情報資源から得られる情報を用いて議論を進めていく学習スタイルを可能にする場を提供するものである」と定義づけられている。2006年頃、東北大学附属図書館の米澤誠氏がこの概念を日本で提唱、紹介してから、多くの国公私立大学図書館にラーニングコモンズが設置されるようになった。

ラーニングコモンズが紹介されてから、中央教育審議会（中教審）のいわゆる『新たな未来を築くための大学教育の質的転換に向けて〜生涯学び続け、主体的に考える力を育成する大学へ〜（答申）』（平成24年　中央教育審議会）で、アクティブラーニングのことが取り上げられ、その後は能動的学習、アクティブラーニングが大学で取り入れられるようになり、歩調を合わせてラーニングコモンズも増えていった。

---

[1] 桜美林大学図書館メディアセンター課長

第4章　大学図書館におけるラーニングコモンズの取組と読書　*65*

　日本の大学においては 2000 年代半ば頃から徐々に普及しはじめ、現在大学図書館におけるラーニングコモンズを包括するアクティブラーニングスペースの設置状況は、国立大学 86.0%、公立大学 26.7%、私立大学 52.8%（文部科学省「平成 27 年度学術基盤実態調査」）となっている。学士課程教育の質的転換のために、ラーニングコモンズは、それまでの座学中心の授業から、能動的な学修、いわゆるアクティブラーニングへの転換の重要なツールとしてみなされている。

　文部科学省の「学術基盤実態調査」2012 〜 14 年度で見ると国公私立大学図書館で増加しているのがわかる。学術基盤実態調査の中では共用スペース、グループ学習スペース、プレゼンテーション・スペース、サイレント・スペース、リフレッシュ・スペースといったものがラーニングコモンズ、アクティブラーニングとして分類されている。このうちグループ学習とプレゼンテーション・スペースがラーニングコモンズに相当するものであろうと言われている。

　桜美林大学でも 2016 年度に図書館の一部を改修してラーニングコモンズを設置し、学生に提供したのだが、まだそれほど積極的には使われていない。図書館が「ここは今までのように静かに本を読んで勉強するところではなく、学生たちが主体的に集まって図書館の資料を使いながらグループ討議をしてください」「本も雑誌も辞書事典、データベースも PC もあるし、図書館員もみなさんの学習を支援します」と広報したら、ようやく少数の学生が少しずつ使い始めた。大学の教職員が学生たちに、詳しい説明をせずに自由に使いなさいと言っても、彼らはそれではよくわからないので動こうとしない。やはり最初は教職員がきちんと、例えばラーニングコモンズについて解説し、利用を促進する努力をする必要がある。今回は「ラーニングコモンズの取り組みと読書」というテーマに沿って、まずは私が大学図書館員という立場で感じている読書について述べることにする。

2. 学生にとって「読書」とは？

　筆者は 20 年以上大学図書館に勤務しており、また大学生協の活動に関わって 10 数年になる。大学生協の「読書マラソン」推進にも関わっており、いわゆる本を読む学生とは付き合いが多い。筆者は昔から、読書が好きな学生が好むジャンルは、たぶん小説であろう、小説やフィクションを読む学生は読書好きな学生の大半を占めるのではないかと感じていた。

　そういう学生たちとよく話をすると、彼らはたいてい小説が好きで、よく本を読んでいる。しかしそれ以外のジャンル、例えば哲学、歴史、社会学、経済学というのはあまり読んでいない。少なくともそれらのジャンルを日常的に「読書している」という学生にはほとんど会ったことがない。中には小説以外のジャンルを多く読む学生もいたが、私はやはり読書好きの学生や、読書マラソンでコメントカードを出してくる学生たちの多くは小説好きという実感がある。

　検証をしたことはないのだが、筆者は大人が「読書しよう」「本を読もう」と言うと、学生たちはおそらく最初に小説を読むことを思い浮かべるのではないかと、ずっと思っていた。今回文献を調べたところ「大学生の読書概念に関する予備的検討」（小森，2009）という興味深い論文があった。

　この論文では、大学生が長編小説、時刻表、インターネットなどいろいろなジャンルに対して、「読む」という言葉、「読書」という言葉にあてはまるものを 5 段階で評価する調査結果が示されている（巻末の［資料 1］を参照）。この調査によれば、表 1 のように、「読む」と「読書」の差が小さいのが、長編小説や短編小説、童話集、エッセイ、詩集などとなる。

　これに対して、「読むものではあるけれども、これは読書ではない」というジャンルは絵本、新聞、教科書、専門書、情報誌、ハウツー本、レシピ等々となる。「新聞」は「読む」数値は高いが「読書」の数値は低い、つまり新聞は「読む」ものではあるが「読書」には当たらない、という結果になる。同様に「取扱説明書」も「読む」ものではあるが「読書」には当たらないとなる。

　この中で興味深いのがケータイ（携帯電話）小説である。調査が 2009 年な

ので今とは些か事情も違っているだろうが、この頃はケータイ小説がすごく人気があった。しかし学生たちは「小説」は読書ではあるが、「ケータイ小説」は読書ではないという意識を持っていることが見て取れる。つまり「印刷された本」を読むことは読書だが、携帯小説を読書と認知するには至らないということだろうか。現在はどうか分からないが、将来、乳幼児の頃から電子書籍に親しむ世代が登場し、かれらが大学生になったらどう変わるのだろうか。

　この調査の結果では、すでに述べたように、「読む」「読書」双方の数値が高いものは、長編小説、短編小説、聖書、聖典、エッセー、日記、伝記となった。調査によれば「今回の調査の結果では、「『短篇』『長編』小説」は「読書」にも「読み」にも最も当てはまり、典型的な「読書」ジャンルととらえられていることがわかる。これにエッセイ、童話などを加えたジャンルが、大学生が想定する「読書」ジャンルであると考えられる」とあるように、学生たちが読書という言葉に相応しいイメージをもつジャンルは小説、物語性のあるものであることが推察できる。

　ここで大学生協として見過ごせない教科書・専門書なのだが、これについては読むものだけれども、読書ではないという結果になってくる。調査では「次に『読み』が高く『読書』のあてはまりが中程度のジャンルが存在している。

表1　「読む」と「読書」の差の少ないジャンル

ジャンル	読む	読書	差
長編小説	4.51	4.37	−0.14
短編小説	4.68	4.28	−0.43
電話帳	1.69	1.17	−0.51
エッセイ	4.68	4.03	−0.65
写真・画集	2.03	1.31	−0.71
ネットサイト	1.89	1.11	−0.77
地図	2.06	1.2	−0.86
電子辞書	2.00	1.11	−0.89
詩集	4.41	3.50	−0.91

出典：小森伸子「大学生の「読書」概念に関する予備的検
　　　討」『摂南大学教育学研究』5、2009 より

68 第1部 大学教育と読書

表2 「読む」と「読書」の差の大きいジャンル

ジャンル	読む	読書	差
製品の取説	4.64	1.28	−3.36
新聞	4.8	1.06	−3.14
漫画・コミック	4.58	2.11	−2.47
教科書・専門書	4.49	2.31	−2.17
ハウツー本	4.00	1.84	−2.16
4コマ漫画	3.46	1.34	−2.11
漫画雑誌	4.41	2.30	−2.11
ケータイ小説	4.52	2.48	−2.03
パンフレット	3.41	1.41	−2.00
ファッション・趣味雑誌	3.56	1.58	−1.97

出典：小森伸子「大学生の「読書」概念に関する予備的検
討」『摂南大学教育学研究』5、2009 より

『占い本』『ケータイ小説』『漫画・コミック』『教科書・専門書』などが入って
いる。勉強や娯楽に関連するジャンルであることから、『楽しむ・学ぶ』ジャ
ンルだと考えられる」となっており、大学生は教科書、専門書はそれほど読書
とは認識していないことがわかる。

　今回、桜美林学園生協に寄せられた読書マラソンの応募ジャンル（2015年
度）について、生協に調査を依頼したところ、やはり小説、エッセーが80%
近くを占めていた。おそらくこれは本学だけの傾向ではないだろう。大学生協
読書マラソン全国版も10年以上続いているが、あれも応募ジャンル等につい
て分析しているのだろうか。選考結果を見ていてもやはり小説が多くを占めて
いる。分析してみたら、意外と興味深い傾向が出てくるのではないだろうか。

3. 教職員が考える「読書」

　筆者はこの論文を読んで、おそらく大学生と教職員の読書に対するイメージがずれているのではないかと考えた。私たち教職員が学生に「読書しよう」「本を読もう」と言ったときに、読書と言われたら「小説」「物語」を連想する学生が多いということである。であれば、私たちが詳しい説明も指導もなく、「読書しよう」と言うと、きっと学生たちの多くは小説を読むに違いないのである。

　筆者は、なにも「小説」を読むのがダメだと言っているのではない。私たちは幼い頃から日本や外国の物語を読んで育ち、長じてからは様々なジャンルの小説、古典や現代小説、SF、ミステリ、ファンタジーなど、に触れて読書に親しむようになった。どれほどの物語世界が私たちの世界を豊かにしてくれたことだろう。しかし私たち大学教職員が学生に対して読書推進を行うという際には、きっとそれだけではいけないのではないかと考えている。

　つまり私たち教職員は、学生に「読書しよう」「本を読もう」と言うとき、いったい彼らに何を読んでもらいたいのだろうかということだ。読書経験が豊富で、自分で何が読みたいのか、その時はどんな本を読めばいいのか選択できる学生はそれでよいだろう。「いま私は日本の政治に関心があるからこの本を読んでみよう」「アメリカの社会に関心があるのでアメリカの現代小説を読んでみよう」「中国経済に興味があるので関連する本を読んでみよう」などと、自分で選択ができるのであれば問題はない。しかしはっきり「これを読みなさい」と言われないと、読書経験が少ない学生、自分で本を選べない学生は、例えば「読書？」→「読書感想文？」→「物語、小説？」→「夏目漱石！」になってしまう傾向が多いのではなかろうか。だから読書指導とまではいかなくても、読書案内ということを意識して言わないといけないのではないかと思う。

　冒頭に記した「変革する大学にあって求められる大学図書館像」では「このような「場」を利用して、学生がレポートや論文の書き方を実践的に学び、ライティングセンターの講義や演習を実施することも考えられる。また、各種検索ツールや大学図書館の使い方のガイダンス、教員による研究会の実施にも対

応することで、学生や教職員の知的交流活動の活性化を図ることが可能であろう」と述べられている。筆者なりにこれを読んで、例えばラーニングコモンズを読書という枠組みで捉えるならば、そこで想定される「読書」はたぶん個別に読む読書ではなくて、ディスカッション形式の読書会というものが有効なのではないか、学生や教職員の知的交流活動の活性化というものをなんとか具体化できないだろうかということを考えた。またこれは大学生協の「学びと成長」という活動にも合っていると思い、ラーニングコモンズで学生と教職員の知的交流活動として「社会を考える読書会」を実践した。

4.「社会を考える読書会」

「社会を考える読書会」の内容は、新聞記事や社説、コラム等を筆者が選び、コピーを配ってその場で読む。だいたい5分ぐらいで読める分量なので、それを参加者がその場で読んで議論するというものであり、特に目新しくはない。テーマは予告せず参加当日に分かるという仕組みで行った。また学生たちには「内容に関する予備意識があってもなくてもいい。正解も不正解もない。回答が出なくてもいい。異論、反論歓迎。ただし非難、嘲笑はNG、みんなの意見を尊重する。ディスカッション内容も、後から自分で考えてみる」という、シンプルなルールで行うことを説明した。

せっかく図書館で行うのでよく分からない言葉が出ると『現代用語の基礎知識』や辞書を書架から持ってきて調べたり、新聞や雑誌から関連する記事をピックアップしたりするという方法

にも発展した。いわゆる調べ学習的な様相を呈することもあった。筆者としてはこんな授業のダイジェスト版みたいな形式で、学生たちは面白いのだろうかと思っていたが、筆者の予想を超え、学生たちは嬉々としていろいろな議論を始めた。どうやら学生たちは、こういう社会問題を仲間と議論するという経験がなく、予想外に面白がってくれたようである。

あるときは貸与型奨学金問題について議論したが、話しているうちに議論全体をリードするもの、ホワイトボードに記録するものと学生の役割分担が自然に発生して、ディスカッションが展開された。奨学金の貸与型と給付型はどちらがよいのかという学生の視点だけではなく、給付型となった時の財源はどうするのかということも考えてみた。そのうち奨学金を利用している学生と利用していない学生が「そんなに大変なのになぜ利用しているのか？」「むしろなぜ利用しないのか？」「利用しない選択をした理由は？」と、お互いに議論や理解が深まっていく様子がみられた。「彼とは親しい友達だが、今までこんな議論をしたことがなかった。彼にそんな背景があることを初めて知った」と言う学生もいた。

参加した学生に参加動機を尋ねたところ「このような場所がほしかった」という声が多かった。筆者は「このような形式の講義もあるのではないか」と問うと、ある学生は「あることはあるがやはり講義なので、単位を取らなくてはいけないし、テストもあるし、あまり気楽にはできない。このような講義とは違った位置付けできるのはとても良かった」と言っていた。私たち大人は、こういう議論は学生同士で、食堂でも空き教室でも広場のベンチでもどんどん話し合えばいいだろうと思っているのだが、学生たちもなかなか自主的にそんなことをするような発想がないようだ。まじめに講義に出席する学生は多いが、講義が終わると仲間と時間を合わすのも難しく、また講義が終わったらすぐにアルバイトに出かけてしまうなど、何かにつけて学生生活に余裕がないというのも事実らしい。

先に述べたように私たちが「読書しよう」「本を読もう」と言うのと同じで、「こんなことは自分たちでどんどんやればいい」と言われた時にも、「そうだ、やってみよう」とすぐに行動に移す学生とそうでない学生がいる。また

「学生同士で話し合うとレベルがそう変わらない」「教職員といっしょに行うと学生同士では気づかない発見がある」という声もあった。確かに大学生協の組合員は学生・教員・職員と分かれており、学生でも学部生・大学院生・留学生と様々な階層が揃っている。大学というマクロな視点で見れば、例えば総合大学であれば文系・理系という違いもあるし、世界各国の外国人教員もいるだろう。いまこのような学生や教職員を結びつけるために、大学生協にはどのようなことができるのだろうか。

5. 読書推進のこれから

　大学生協の読書推進については、大学生協の読書推進季刊誌『読書のいずみ』（全国大学生活協同組合連合会発行）の編集を長く務められた姜政孝氏が次のように述べている。「学生に本を読む楽しさを伝えていくことは大学生協の古くからの課題でもありました。大学生協は過去に読書推進活動交流会の開催や書評誌発行、専門書復刊事業などさまざまな取り組みを行ってきました。（中略）これまでの読書推進活動と読書マラソンの違いはどこにあるのでしょうか？ それは〈権威〉や〈必読〉や〈指導〉とは無縁なところだと思います。専門家が基本図書や必読書を挙げて解説をし、『学生時代にこれを読むべし』と言っても、普段から本と接していない学生には読書の動機付けにはなりません。それよりも同世代の学生が『これ面白かったよ』という方が、はるかに効果があるということです」（姜，2004）と。

　かつては教員が推薦する図書、大学生ならこれくらい読むべしといった定番の名著があり、学生も「名著だからこれを読もう」と、もちろんすべてではな

いだろうが、教員に言われたから読んでいた。しかしやがてそれが権威的だ、押しつけだということになり、学生同士で薦め合う「読書マラソン」が発展してきた。確かにレベルは下がったのかもしれないが、大学生の読書推進活動としてはよくできた仕組みである。しかし近年はこの「読書マラソン」も、いろいろな点から見直しをすべきではないかと思っている。

　今年から、大学生協全国教職員委員会で発案された「リーディングリスト運動」が展開され、テーマごとに様々なリーディングリストが作られている。これは教員が「このテーマについてはこんな良い本があるので、読書の参考にしてほしい」という、学生たちの読書の指針にしたいという思いから始まった運動である。今までは教員から学生へ、学生から学生へと「読書の薦め」の流れが伝わってきた。学びの場として上から下へ読書を薦めるのはそれでよいとして、これからはもう学生と教員がお互いに読書について語り合い、薦め合うのもいいのではないかと思う。教職員が学生に「この本、勉強になるよ」と薦めるだけではなくて、学生から「先生、これ読んでみてください。今どきの学生たちの生活がよくわかりますよ」というふうにお互いに薦め合うような形で読書推進ができる。それが大学のよいところであろうし、様々な組合員で構成される大学生協もそういったことができるはずだと思っている。

　大学生協の読書推進でできることは何か。いくつか考えられるが、例えばこのリーディングリストをゼミや講義時間で紹介〜活用する。それから大学との協同も考えられる。いま多くの国公私立大学図書館では、図書館と学生との協同ということが重要視されていて、学生サポーター、図書館サポーターの活動が増えてきている。ここに大学生協も協同することも可能であろう。教職員理事、学生理事からの働きかけ、あるいは理事の中に図書館職員がいればそこから話をしてみることもできるだろう。大学生協という立場では組合員のためということになるが、大学生協の主要な組合員は学生であり、まずは学生の学びと成長のために読書推進活動を積極的に行うことは、これからの大学生協の活動のひとつとしてとても重要になるだろう。グローバル化する日本の大学に在籍する様々な学生・教職員をつなぐために、その手段のひとつとして読書推進に取り組むことで、大学生協は大きな存在になり得るだろう。

74　第1部　大学教育と読書

参考文献

小森伸子（2009）「大学生の読書概念に関する予備的検討」『摂南大学教育学研究』Vol.5、
　　pp.33-43

科学技術・学術審議会　学術分科会　研究環境基盤部会　学術情報基盤作業部会（平成22年
　　12月）「大学図書館の整備について（審議のまとめ）― 変革する大学にあって求められる大
　　学図書館像」

中央教育審議会（平成24年8月）「新たな未来を築くための大学教育の質的転換に向けて～生
　　涯学び続け、主体的に考える力を育成する大学へ～（答申）」

姜　政孝（2004）「大学生協の読書推進活動 ―「読書マラソン」で読書量を競う学生」『出版
　　ニュース（2024）、pp.6-9

資料　読書に関するアンケート（5段階評価）

ジャンル	読む	読書	ジャンル	読む	読書
新聞	4.8	1.66	ハウツー本	4	1.84
短編小説	4.68	4.24	情報誌	3.78	1.93
エッセイ	4.68	4.03	ガイドブック	3.64	1.69
製品の取扱説明書	4.64	1.28	ファッション・趣味の雑誌	3.56	1.58
童話	4.58	3.64	4コマ漫画	3.46	1.34
漫画・コミック	4.58	2.11	パンフレット	3.41	1.41
聖典・聖書	4.56	3.26	レシピ本	3.26	1.34
ケータイ小説	4.52	2.48	百科事典	2.88	1.91
長編小説	4.51	4.37	辞書	2.51	1.34
教科書・専門書	4.49	2.31	カタログ	2.41	1.24
マナー本	4.45	2.84	時刻表	2.16	1.13
詩集	4.41	3.50	人名録	2.16	1.26
漫画雑誌	4.41	2.30	地図	2.06	1.20
コミックエッセイ	4.35	2.59	写真集・画集	2.03	1.31
絵本	4.34	2.54	電子辞書	2.00	1.11
日記・伝記	4.33	2.86	インターネットサイト	1.89	1.11
自己啓発本	4.08	3.42	電話帳	1.69	1.17
占い本	4.06	2.38	アドベンチャーゲーム	1.45	1.15

出典：小森伸子「大学生の「読書」概念に関する予備的検討」『摂南大学教育学研
究』5、2009より作成

第5章

大学教育における電子図書利用の有用性と可能性

針持和郎 [1]

1. はじめに

このシンポジウムで与えられたテーマが「大学教育における電子図書利用の有用性と可能性」ということなので、前半では広島修道大学で行ったデジタルテキスト（電子教科書）を採用した授業について述べるのに加えて、もう少し一般的にデジタルブック（電子書籍・文献）全般を大学構成員がどのように有効利用することが可能な状況なのかというところまで広げて論じたい。

論じるポイントは

1. 大学教育におけるデジタルテキスト導入の現状

2. デジタルテキストを用いた英語リスニングの授業

3. デジタルによる知的活動：本棚および文机としてのディバイス

4. 大学における電子書籍の有用性と可能性

の4点である。

末尾では、このシンポジウム「能動的学修と読書」が全国大学生協連合会の企画であることと、使用したデジタルテキストが大学生協系のものであり広島修道大学生協からいろいろなサポートを受けてきたこと、この2つの理由か

---

[1] 広島修道大学人文学部准教授　広島修道大学生活協同組合理事長

ら、広島修道大学生協専務理事の長谷川英男氏に同生協による授業のサポートについて述べてもらった部分を掲載する。

　上記の授業は日本の大学におけるデジタルテキストを使った英語の授業としては初めてのケースだった可能性があり、特に大学生協事業連合が開発した「VarsityWave 専門書学習ビューア」上で使うテキストを採用した語学教育としては初例であった。

2. 大学教育におけるデジタルテキスト導入の現状

2.1　教科書のデジタル化：日米の現状

　図1は、アメリカの大学でテキストがどれぐらいデジタルになっていくであろうかということをアメリカの Xplana[1] が2011年に予測したものである。2015年の段階で26％、2017年は44％がデジタルテキストになっているであろうという予測になっている。

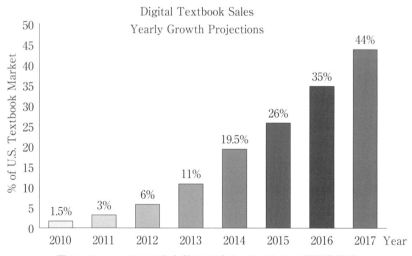

図1　Xplana による米大学でのデジタルテキスト採択率予想

出所：Reynolds, R. (2011). White paper: Digital textbooks reaching the tipping points in U.S. higher education: A revised five-year forcast. www.xplana.com

しかしながら、オンライン教材を開発・蓄積し、無償で提供するカリフォルニア州立大学を中心にした MERLOT[2] という大きなプロジェクトを推進している Gerry Hanley 博士に質問したところ、質問を行った 2015 年 5 月時点では予想されていた 26％にはとても届いておらず、デジタルテキストはアメリカの大学で使用される全教科書の 5 ～ 6％であるが、ただ着実に伸びているのは間違いないとのことであった。

日本とアメリカでは一般書籍も教科書も出版事情が異なるが、学生の教科書への支出金額は圧倒的にアメリカの方が高い。学問分野にもよるが、日本の大学生たちは 1 セメスターで 2 万円程度を教科書に支出しているのではないかと思われる。一方アメリカでは日本円に換算して 10 万円ぐらいは支出している。それで少しでも出費を抑えるために、アメリカの大学の書店では中古の教科書も売られており、同一の教科書でもワン・オーナーの場合よりツー・オーナーの場合の方が値段が安くなる。デジタルテキストの場合は cover to cover で全部買わなくても、例えば目次と第 1 章と第 4 章、それから最後のインデックスだけ買うといった選択肢が用意されているものもある。

再販価格維持制度のないアメリカではデジタルの方がフィジカルの同じ書籍より安くなるのが一般的である（書籍の場合、digital の対義語として analog ではなく「物質の・現実の」という意味の physical が用いられる）。Amazon が読書端末キンドルの普及を促進するために、出版社からの仕入価格よりかなり安い価格で電子書籍を販売していたことは広く報道されている。

一方日本では、テキストのデジタル版とフィジカル版が同一価格に設定されるのが普通である。教科書への支出が多いアメリカの学生の方が前述のような手段で節約することをより迫られるので、日本より教科書のデジタル化が進みやすい。

ただ日本でもデジタルテキストの利用は始まったばかりながら、桜美林大学、東京農工大学、鳥取大学、岡山大学、それから広島大学でも Varsity Wave のデジタルテキスト使った授業が始まっている他、松山大学のように 2017 年度から使用開始予定の大学も複数ある。

学術雑誌については、大学図書館の収蔵能力の問題とデータ検索の便利さの

78 第1部 大学教育と読書

ために、予算的には圧迫を受けながらも 2000 年あたりからデジタル版の導入が進んでいる。また、学会誌においても CD-ROM 付属のものが増え、オンラインのリポジトリーも充実してきている。

さらに、2,000 語で読める英語のストーリー、3,000 語、4,000 語のストーリーと、必要な語彙レベルを設定して学力に応じたものが選択できる多読用の外国語図書がフィジカルでは従来からあった。こうしたものにもデジタル版が出てきていて、学生は大学図書館ホームページからログインして、スマートフォンやタブレットなどディバイスを問わずに読むことができる。このようにデジタルブックも少しずつ広がってきている。

『六法全書』や『現代用語の基礎知識』、『イミダス』のようにコンテンツの一部のみが頻繁に、あるいは定期的に改訂・増補されていく書籍は何年分も収蔵するとそれだけ場所を取るがデジタル版だと場所を取らないので、そういった最新版であることに価値がある定期刊行物の類はデジタル化が速い。集英社の『イミダス』は 2007 年から、朝日新聞社の『知恵蔵』は 2008 以降デジタルに完全移行している。

2.2　教科書のデジタル化に対する教員と学生の受け止め方

大学でのデジタルテキスト使用は日本でもこれから伸びていくものと思われるが、図2は教員と学生が教科書のデジタル化をどのように受け止めているのか、宮崎大学生協の職員（当時）が集めた声である。

教員の側は「教授法や活用事例が少なくて、ちょっとイメージがわかない」とか、「お金がかかるのかな」「学生をどうやって巻き込んでいけばいいのだろうか」というように、2015 年の段階ではだいぶ及び腰であるが、一方学生の方は「電子教科書って、なんか難しいそうだけど、便利なものなんだろうな」というように好奇心を持った受け止め方をしていることが窺われる。

図3は広島修道大学で 2015・16 年度に行った、「スマートフォンでデジタルテキストが使えるとしたらどうか」という仮定の質問への回答を集めたものである。

「バッテリー切れが心配だ」や「チャージさせてくれるならいい」といった

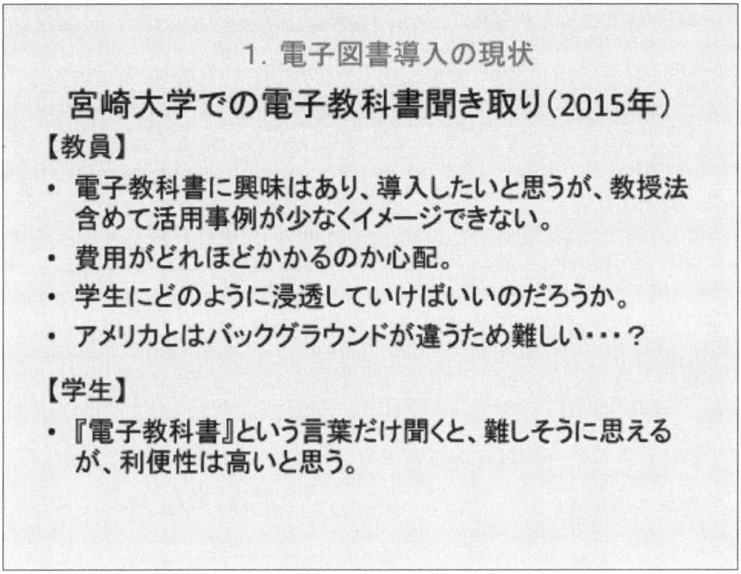

第5章　大学教育における電子図書利用の有用性と可能性　*79*

---

1. 電子図書導入の現状

宮崎大学での電子教科書聞き取り（2015年）

【教員】
- 電子教科書に興味はあり、導入したいと思うが、教授法含めて活用事例が少なくイメージできない。
- 費用がどれほどかかるのか心配。
- 学生にどのように浸透していけばいいのだろうか。
- アメリカとはバックグラウンドが違うため難しい・・・？

【学生】
- 『電子教科書』という言葉だけ聞くと、難しそうに思えるが、利便性は高いと思う。

図2　デジタルテキストの受け止め方：宮崎大学

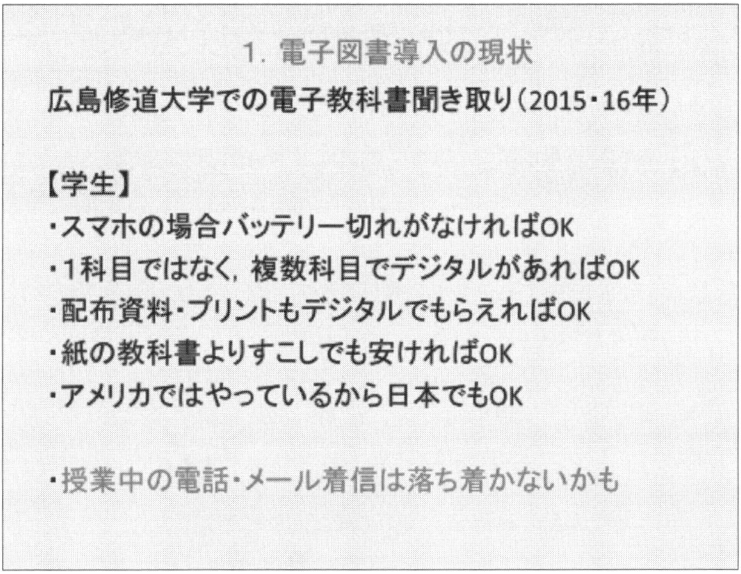

---

1. 電子図書導入の現状

広島修道大学での電子教科書聞き取り（2015・16年）

【学生】
・スマホの場合バッテリー切れがなければOK
・1科目ではなく，複数科目でデジタルがあればOK
・配布資料・プリントもデジタルでもらえればOK
・紙の教科書よりすこしでも安ければOK
・アメリカではやっているから日本でもOK

・授業中の電話・メール着信は落ち着かないかも

図3　デジタルテキストの受け止め方：広島修道大学

80　第1部　大学教育と読書

充電への心配がデジタル化の先に立った回答が見られる。また、「1科目だけのためだけにいろいろ操作を覚えなくてはいけないというのは煩わしいけれども、複数の科目が同じディバイスでやれるなら、それは便利かも」といった声や、「配布資料、プリントも紙ではなくて、もういっそのこと、諸規程や保健室だよりなど、そういったものもデジタルでもらえば、たとえばPDFとかだと、スマホの中にみんな入ってしまうからいいのではないか」といった利便性への関心を寄せた回答も見られる。さらに、「紙の教科書より、少しでも安ければオーケー」「紙代と印刷代がかからないんでしょう？　少しでも安くなるはずですよね」といったデジタルテキストの経済性への関心も見られる。

　ネガティブな予想としては、「授業中にも電話やメールがスマホには入ってきますから、そういうのは何かコントロールしておかないと、コントロールし忘れたら落ち着かないかもしれない」という、公私の区別、めりはりへの懸念が見られた。

3. デジタルテキストを用いた英語リスニングの授業

3.1　授業の概要

　VarsityWave は株式会社大学生協事業センターが運営しており、その電子書籍ショッピングサイトである VarsityWave eBooks では各分野の専門書と教科書をデジタルで提供している。

　まず2014年度に、フィジカルの教科書を広島修道大学の英語の授業で使用した。採用した教科書は将来的にはデジタル化されて VarsityWave eBooks の商品になることが見込まれていた。この授業は TOEIC 型のリスニングを中心にしたものであり、リスニングの音源はテキスト付属の音声 CD であった。続いて2015年度は、同教科書のデジタル版で商品化前ながら出版社のご厚意により使用が認められたものを、学生に貸与した iPad mini にダウンロードして用いた。

　一学年度異なる二つの授業ではあったが、両学年度とも受講生は同じ学部に

第5章 大学教育における電子図書利用の有用性と可能性　*81*

図4　VarsityWave eBooks ホームページ　http://coop-ebook.jp/

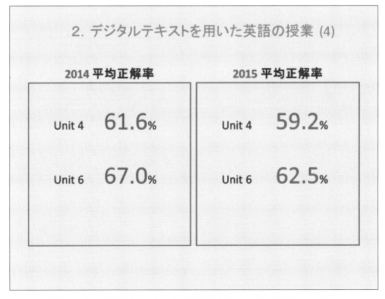

図5　前期前半のリスニングテスト平均正解率の年度比較

属し、入学当初に行われる TOEIC ブリッジ試験によるクラス分けによって同一レベルの層に揃えられており、ほぼ同程度の学力の受講生集団が得られた。このため、フィジカルテキストを用いた 2014 年度とデジタルテキストを用いた 2015 年度の間で、受講生の学習達成状況を年度比較することができた。

前期用に採用した教材は全 14 ユニットであるが、例として前期前半のユニット 4 とユニット 6 を取り出してみても、前半はデジタルで学習した 2015 年度のほうがリスニングテストの平均正解率が低かった。

この背景としては、2015 年度前期前半のユニット 1 〜 7 までの間はデジタルテキストのプラットフォームである VarsityWave 専門書学習ビューアが開発段階第 1 期のものであり、教材に埋め込まれた音声を再生する機能がまだ無かったことがあげられる。

前期中盤のユニット 8 に差しかかった時点でビューアのバージョンアップがあり、後半のユニット 8 〜 14 では音声を再生することができるようになった。このことによって学生は iPad でテキストを読み、同時に音声を CD から再生

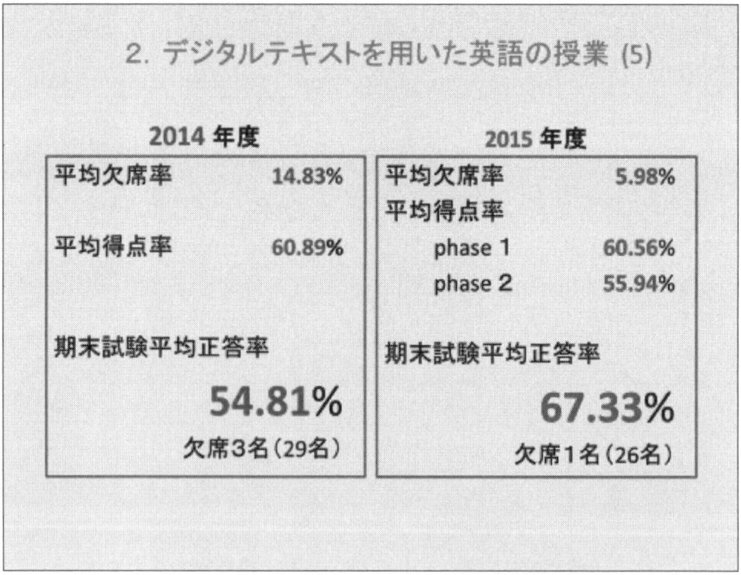

図 6　前期末試験平均正答率と平均欠席率の年度比較

するという二重の操作をする必要がなくなり、予習の段階からiPad上ですべてが行えるようになった。

そうすると、前期の期末試験の結果ではフィジカルの方の平均正解率が54.81％であったのに対して、デジタルの方の平均正解率は67.33%と、これを12.5ポイント上回った。この差は決して小さくない。

こうした結果を見るとリスニングに関してはデジタルテキストの効用が勝っていると思われる。ただし何でもデジタルがいいとは限らない。学問分野や授業形態によってはフィジカルの方がいい場合もありうる。また好みの問題もあって、同じ英語でもシェークスピアやチョーサーのような古典はフィジカルで読みたいという向きがあってもおかしくはない。

3.2 ログが示すもの

学生のアチーブメントの向上とは別に、教育という面から考えてもデジタルの利点というものが存在する。それは、VarsityWaveのデジタルテキスト

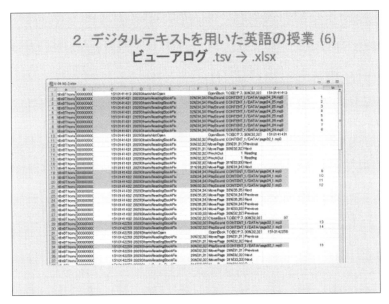

図7 ログ（.tsv形式）のエクセルへの取り込み

を使うことで学生がどのように勉強をしているかを示すログが取れることである。

ログには次のような諸点を示す情報が含まれる。何月何日、何時何分にテキストの何ページを開いたか。そこからどのページへ移ったか。どのユニットのどの音声データをいつ何回再生して聴いたか。どの単語を辞書で引いたか。どの単語にアンダーラインをつけたか。また、学生はメモやノートなどをディバイスの中に書き込み、必要に応じてそれをクラスメートや教師と共有することもできる。教師の側では上記のような様々なデータを授業計画の立案・改善や成績評価などに活用することができる。

VarsityWawve 専門書学修ビューアはバージョンアップを重ねていて、2017 年度からはクリッカーと同様のアンケート機能、小テスト機能が利用できるようになっている。

図 8 は 2015 年度後期の第 3 週から第 4 週にかけて学生が残した予習でのリスニング時間と、授業でのリスニングテストの成績を示すものである。A か

2. デジタルテキストを用いた英語の授業 (7)
2015年度後期第3・4週の記録

	予習時間帯	長さ	リスニング成績推移
A	12:50 - 13:23	33m	7位 → 2位
B	14:54 - 15:35	41m	16位 → 4位
C	21:54 - 22:01	7m	26位 → 10位
D	23:25 - 23:59	34m?	21位 → 10位
E	08:49 - 09:02	13m	1位 → 4位
F	08:22 - 09:01	39m	5位 → 16位
G	08:15 - 08:59	44m	16位 → 21位
H	予習なし	0m	1位 → 10位

図 8　リスニングの予習時間と試験成績の推移

らDまでの学生はテストの順位が上がった学生であり、E、F、Gは逆に下がった学生である。Eの学生は第3週に1位だったのに4位に下がってしまっているが、予習リスニング時間が13分しかない。同じく第3週に同点1位だったHの学生は10位まで落ちているが、予習リスニング時間はゼロであった。このように予習時間と予習の成果の関係を客観的に知ることができる。

　予習の内容では、どの音声データがたくさん繰り返して聴かれているかという記録を見ると、「ああ、そこは聴き取りにくいんだ」「難しいところなんだな」「では、次の授業はこうしようか」といったように授業改善に役立てることもできる。授業への出席状況は教室に行けば分かるが、教室外でどれだけ自主的な勉強をしているかもデジタルテキストの場合は一定程度把握できる。このことは教室（授業）外での学修時間に触れた大学設置基準21条との関連で成績評価に結びつく要素を含んでいる[3]。

　個々の授業とは別に、ログから得られるこの種のデータにより留年や卒業延期など取得単位の僅少なパターンに落ち込みやすい学生がある程度早めに分か

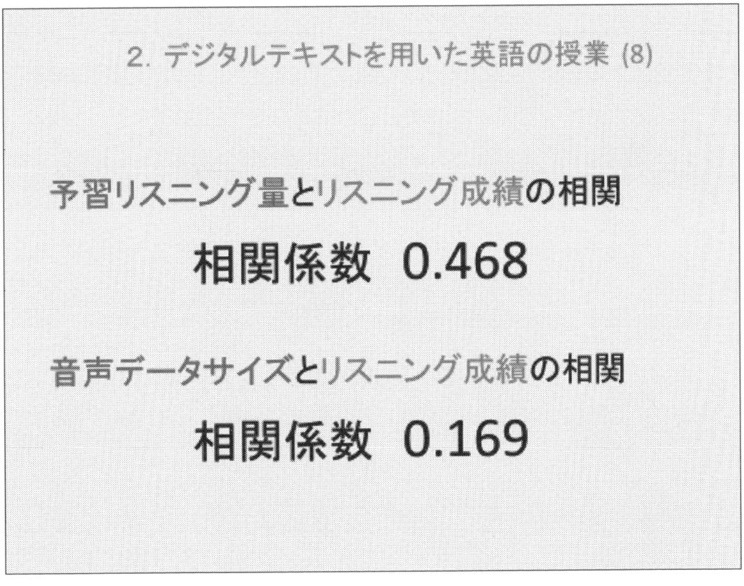

図9　予習リスニング量・音声データサイズとリスニング成績の相関

86 第1部 大学教育と読書

るので、チューター制度と組み合わせて学生の生活指導に役立てているとの実践報告もある[4]。

　図9は2種類の相関を示している。一つはリスニングの予習量（時間）と成績の相関係数で、0.468という数値を得た。もう一つはワンクリックで再生される音声データのサイズを後述のように小さくすることがどの程度成績の向上に貢献したかを示す相関係数で、0.169を得た。

　採用した教材ではリスニングのパートが各ユニットに4つあり、付属のCDにも4つの音声ファイルが入っている。1パート全部が1つのファイルになっていて、ビューア上では途中での停止・再開はできない。外国語のシャワーであり、英語を得意としない学習者にとっては長いといえば長い。それで、「ここのところが、ちょっとうまく聴き取れない」「ここだけをもう1回聴きたい」という学生のニーズは必ずあるはずだと予想された。

　例えば、I go to school with him. では *with him* は実際には［*with him*］ではなくて、［*with'm*］のように音韻が変化（弱形化）して発音されるが、［*with'm*］の部分が *with him* なのか *with them* なのかという、母語話者にとっては何でもないことが非母語話者には障壁となりうる。そうした場合に大きな音声データをまた延々と最初から聞き直すよりは、データが細かく切られていたほうがスポットで聴き取れて良いだろうと予想された。

　当時この教材はまだ商品化される前の開発途上版であったために、音声データを約10倍の数に細かく切って使うことが許されたのでこうした実験が可能となり、上記の「音声データサイズとリスニング成績の相関」係数を出すことができた。データをPC上で細かく切る作業は筆者が行った。また数が10倍ほどに増えたこのデータを一つ一つデジタルテキストに埋め込むというVarsityWaveにやっていただいた仕事は面倒なものであったに違いないが、授業評価のアンケートでは概ね良い評価を得た。ただ、1人だけ「ボタンが多すぎて煩わしい」との辛口のコメントをくれた学生がいた。

　0.169の相関係数は強い相関性を示すものとはいえない。音声ファイルを別途学生のスマートフォンに入れることができれば、再生アプリのプログレスバーを指先で動かすことによって再生のスタートポイントをほぼ絞り込むことが可

第5章　大学教育における電子図書利用の有用性と可能性　*87*

能であり、データサイズが大きいことの不利な点を克服できるというコメントもアンケートから得られた。こうしたことから、音声データをあまり小さく切り分けて数を増やす必要はないということもこの授業実践で分かってきた。

4.　デジタルによる知的活動：本棚と文机としてのディバイス

教科書であれ教科書ではない一般の書籍・文献であれ、デジタルの資料として持っているものの数が多ければ多いほどその有効性は上がっていく。フィジカルの本とは違って所有している複数の本を通して検索ができるし、辞書の串刺し検索にもディバイス上でつなぐことができるからである。また Varsity Wave 専門書学習ビューアにはスクラップブック機能があり、そのスクラップブックに取り込んだ複数の本の複数のページ間を見比べることができる。さらにデジタルであるから、ほかのいろいろなアプリケーションとの連携も取りや

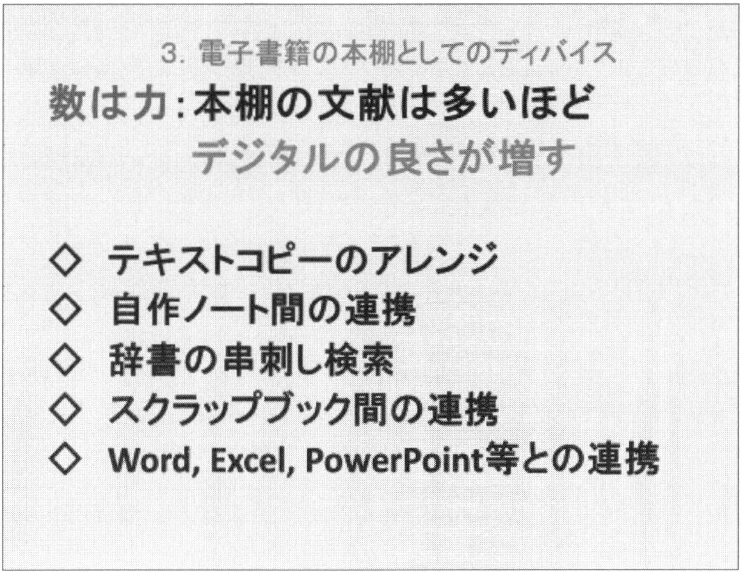

図10　デジタルテキストから広がる機能

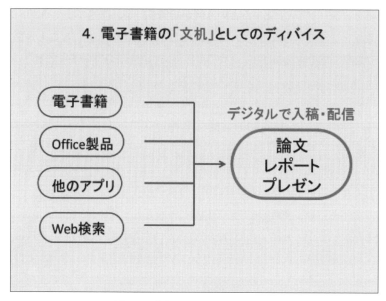

図11　文机としてのディバイス

すい。

　こういったデジタル環境はすでにビジネスの世界でも、大学生協を含めた大学の世界でもすでに現実になっているわけで、この環境に学生を引き込んでいくことには魅力がある。このシンポジウムのプレゼンテーション資料を作るのも全部パソコンの上で、つまりデジタルでほとんど済んでしまう。書籍・資料が電子化されていて、Microsoft Officeやその他のソフトウェアを使い、ウェブ検索といったものをやると、そこからレポート・論文作成、プレゼンテーションへというふうにつながっていく。

　その一方で心配なこともある。スマートフォンが中・高校生にも一般的になって彼らはデジタルネイティブ世代と呼ばれているが、スマートフォンのアプリで済んでしまうことが増えるに従ってパーソナルコンピュータの使用を苦手にする大学生が以前より増えている。パーソナルコンピュータ利用に積極的な層と消極的な層に二極化が始まっているとも言える。

　教科書の電子化ということでは、今の段階ではまだ紙で存在している既存

の書籍をPDF等で電子化するという例が結構多いが、前述の授業で使用したテキストを提供された出版社の方に言われて、はっと気が付いたことがある。「いや、アナログをデジタルに変換しなくても、初めから先生方がデジタルで書いてくだされば何の問題もないんですよ」と。デジタルで書く環境もかなり整ってきているので「大学教育における電子図書の利用」にますます弾みがつくのではないかと思われるが、それを活かすためにも大学生をパーソナルコンピュータのレベルのデジタルワールドへ引き込む不断の仕掛けが必要だ。

5. 大学における電子書籍の有用性と可能性

5.1 文献・資料のデジタル化

Googleは大学の図書館を丸ごと電子化する作業にかかっている。日本では慶應義塾大学が早かった。その後他大学の図書館が所蔵する本も論文もデジタ

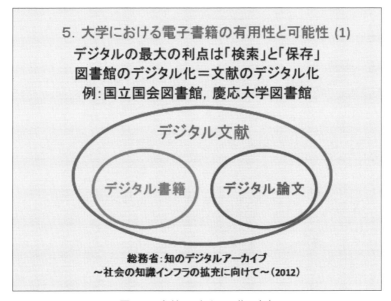

図12 文献のデジタル化（1）

90 第1部 大学教育と読書

ル化されていっている。

　デジタル化は大学図書館だけではなくて国立国会図書館や行政の公文書でも進んでいるし、公共図書館や博物館等でも進んでいる。デジタル化された文献・資料を管理するソフトウェアも大規模なものから個人ユースのものまで売られているし、デジタル化の入り口にあたるスキャニングの段階で本のページを自動でめくる装置も十万円を切った値段で売られていて、これは個人でも手が届く。もう広い意味でのデジタルリーディングが大学生の世代に急速に広まっていくことは間違いないところまできている。

　図13の一番上にある Hathi Trust は、欧米60以上の大学、研究機関、図書館が参加してデジタル化を始めたもので、日本では慶應義塾大学の図書館がHathi Trust に登録されて外国からのアクセスを受け入れている。登録されていない大学の図書館でもホームページに Hathi Trust へのリンクを張っているところもある。トラストの名は、知能が高くて記憶力がいい動物であるゾウのヒンディー語／ウルドゥー語名の Hathi に由来する。

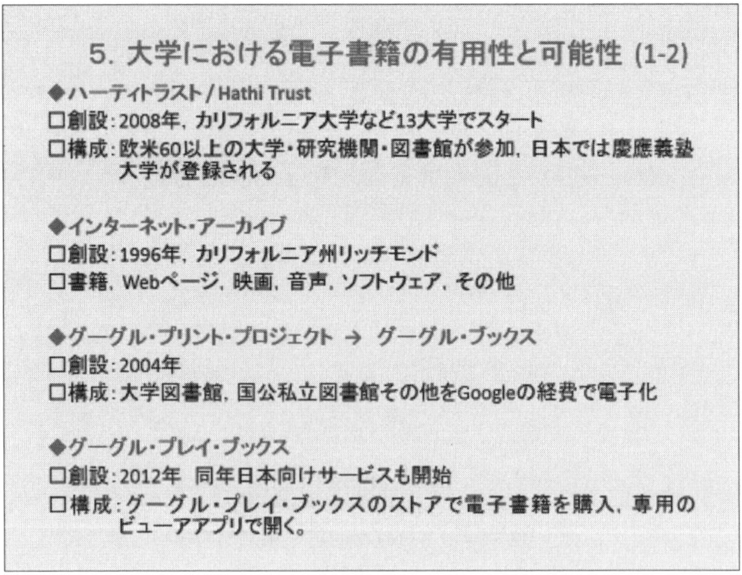

5. 大学における電子書籍の有用性と可能性 (1-2)

◆ハーティトラスト / Hathi Trust
□創設：2008年，カリフォルニア大学など13大学でスタート
□構成：欧米60以上の大学・研究機関・図書館が参加，日本では慶應義塾
　　　　大学が登録される

◆インターネット・アーカイブ
□創設：1996年，カリフォルニア州リッチモンド
□書籍，Webページ，映画，音声，ソフトウェア，その他

◆グーグル・プリント・プロジェクト → グーグル・ブックス
□創設：2004年
□構成：大学図書館，国公私立図書館その他をGoogleの経費で電子化

◆グーグル・プレイ・ブックス
□創設：2012年　同年日本向けサービスも開始
□構成：グーグル・プレイ・ブックスのストアで電子書籍を購入，専用の
　　　　ビューアアプリで開く。

図13　文献のデジタル化　(2)

二番目のインターネット・アーカイブは、大学図書館ではなくウェブのページ、映画、音声、ソフトウェア、とにかく身の回りにあるものを全部デジタル化して、後世に記録して残し、使えるようにしようとしているものである。

3番目はデジタル化に精力的に取り組んでいる Google である。早くも 2004年には図書館の電子化にかかっている。Google が資金を出し大学図書館は所蔵する文献・資料だけを提供するやり方で、デジタル化の作業が終わると大学図書館のほうには提供した文献・資料とその PDF 版が返却される仕組みである。

一番下の Google Play ブックスは、図書館蔵書ではなくて一般のデジタル本を扱う。教育研究に限らず広い意味でのリーディングの対象になる。デジタル化された日本語の本の日本に向けたサービスが 2012 年に始まっている。

5.2 本は死なない

ジェイソン・マーコスキーは『本は死なない』という 2013 年刊の本の中で近未来を予想し、読書のありようを巡って図 14 にあるような予測をしている[5]。

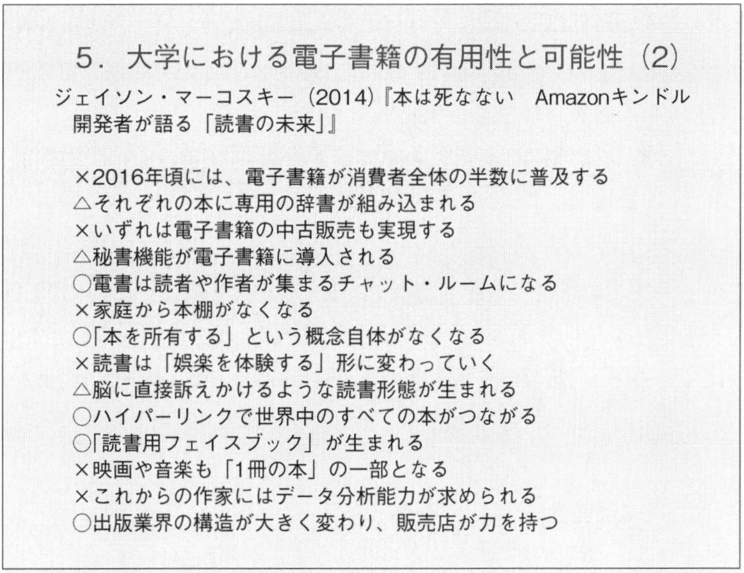

図 14 デジタルテキストをめぐるマーコスキーの予測

92　第1部　大学教育と読書

> ## 5．大学における電子書籍の有用性と可能性（3）
> ## VarsityWave eBooks 専門書学習ビューア
>
> ・移動　　　○しおり　　○本文検索　　○自作ノート
> ・ページ表示　◎ネット書庫　・設定その他　○マーカー
> ○付箋　　　○辞書連携　○串刺し検索　・Web検索
> ・テキストコピー○手書きメモ　・テスト機能　・スクラップブック機能
> ◎注釈共有機能　・ログ機能　　・動画再生機能・音声再生機能
>
> ○それぞれの本に専用の辞書が組み込まれる
> ○秘書機能が電子書籍に導入される
> ◎電書は読者や作者が集まるチャット・ルームになる
> ◎「本を所有する」という概念自体がなくなる
> ◎ハイパーリンクで世界中のすべての本がつながる
> ◎「読書用フェイスブック」が生まれる
> ◎出版業界の構造が大きく変わり、販売店が力を持つ

図15　ビューアによるマーコスキー予測の現実化

筆者が×印をつけているのは、マーコスキーの予想に反してまだ実現されていないと思われるものである。○は実現していて、△はまだ実現途上で部分的には実現していると思われるものである。

　Varsity Wave 専門書学習ビューアには上の図15の囲みの中にあるような機能がついている。これらの機能を使えば、マーコスキーの予測のうち「書籍は読者や作者が集まるチャットルームになる」「読書用フェイスブックが生まれる」「出版業界の構造が大きく変わり、販売店が力を持つ」といった予測は、表現・呼び方はともかく、かなりの項目がすでに実現されていることになる。マーコスキーのいう項目のうち○丸の2項目は囲み中の○印の機能により、◎印の5項目は囲みの中の◎印の機能によりすでに現実のものとなっている。

5.3　有用性と可能性

　これまで電子書籍の時代が来ると言われたことが何回かあったが、日本では「ケータイ小説」など一部のジャンルを除いて、一般への継続的な普及はまだ

実現していない。理由としては数々出された読書端末の値段が安くはなかったこと、電子書籍フォーマットの統一が完成しないこと、通信技術の進展が速いために短命に終わる企画もあったことなどが挙げられる。広く実社会において本当に電子書籍の時代が来たといわれるためには、コンテンツを供給する出版社や印刷会社、コンテンツを配信する通信会社、課金・決済の仕組み、そして手元にあってこれらに連なる読みやすい読書端末を提供する機器メーカーが、技術的にも経営的にもうまく組み合わさる必要があると言われている。

　しかし、こうした実社会の電子書籍をめぐる状況と大学でのそれは異なる。教育・研究を目的としている大学で望ましいのは単に電子書籍を読むための読書端末などの読書環境だけではない。読み、書き、調べ、繋がるといったニーズを満たすデジタル環境が必要であり、電子書籍と読書端末はその一部であるに過ぎない。

　読むためにはテキスト、参考文献、授業の配布資料がデジタルで欲しい。書くためにはワードプロセッサやエディタの他に日本語・外国語の辞典類がデジタルで欲しい。調べるためには図書館の他に基本的な電子事典とWeb環境が欲しい。繋がるためにはメール、グループウェア、SNSなどが欲しい。こうした「欲しいもの」のうち普通一般の大学生が持っている／持っていないと思

表1　デジタル環境項目の有無

読む		書く		調べる		繋がる	
×	テキスト	○	ワープロ	○	図書館	○	メール
×	参考文献	○	エディタ	○	電子事典類	△	Gウェア
△	配布資料	○	電子辞典類	○	Web環境	○	SNS

われるもの、アクセスできる／できないと思われるものを区別してみたい。

　○が付いたものは、スマートフォンとパーソナルコンピュータに標準搭載されているなど、初めから有るものである。電子辞典・事典は基本的なものなら大学入学前から使っている電子辞書専用機に入っている。ただしそれはパーソナルコンピュータとの親和性が薄いので、WindowsやMacintoshで動くものが別途欲しい。Web環境については、大学と大方の家庭にはWi-Fiがあるの

94　第1部　大学教育と読書

でほぼ整っていることになる。

　△のグループウェアと配布資料については教員サイド次第であるが、Moodle を活用する教員は増えているし、小規模なゼミ等では無料のグループウェアサービスが使われることもある。配布資料が特に多くて印刷と帳合・配布の手間が膨大なものになる医・理・工学系では配布資料を PDF 化するだけでなく、それを配信するシステムも使われている。

　×が付くものとして残っているのはテキストと参考文献だけということになる。再販価格維持制度に阻まれてフィジカルよりデジタルが安くなるということは望めないが、セメスターを通して、あるいは物によっては卒業後も使い続けることになるものなので、デジタル版があればそちらを選びたい。VarsityWave では、デジタル化された大学のテキストと専門書を増やすために出版社との交渉・調整が続いている。

　デジタルの利点を有効に活用するためにハード面で欠かせないのはまずパーソナルコンピュータであるが、少々の余裕があれば持ち歩き用としてタブレットが1台欲しい。すでに大方の学生が使っているスマートフォンでもいいが、画面が小さ過ぎるのが欠点である。

　現時点で学生に薦めているのは、小さ過ぎず大き過ぎずのサイズで、カラー表示と動画表示ができて、インターネットにつながる7インチの SIM フリー端末である。ただしスマートフォンがすでにあるので SIM カードは不要である。端末だけを買って、デジタルテキストや PDF 化された諸資料を表示するタブレットとして使うことを薦めている。Android の場合は中高生が持つ電子辞書より安く手に入れられる。

　読み、書き、調べ、繋がる作業をデジタルでシームレスに行える学習環境は、すでにここまで出来上がっている。

6. 生協によるサポート

長谷川英男[2]

いまの報告の前半部分にあった 2015 年度の英語の授業の教科書として電子書籍が採用されるに際して、本学生協はその準備段階から携わった。以下に次の 3 点をまとめる。

① 新学期に向けてどう準備したか

② 授業中にどうサポートをしているか

③ 今後はどのように取り組むべきか

6.1 新学期に向けてどう準備したか

学生が使うディバイスについてはいろいろな検討があったが、入学直後の 1 年生の授業でいきなり「ディバイスを買ってください」ということには無理があった。1 クラスがだいたい 30 人前後なので予備も含めて iPad mini40 台をまとめて生協で購入し、学生には 1 年間の貸与ということでスタートした。学生には、1 年後に返却するか値段を下げて買い取るかという選択肢を用意した。1 年間やってみて、リスニングの場合はディバイスのサイズからいうと学生が持っているスマホでも十分ではないかという感想を持つ[6]。

デジタルテキストとして商品化される前の教科書をどう販売するのかという問題もあったが、学生には一応紙の教科書を買ってもらい、その購入・支払いを条件に、貸与したディバイスに教科書をダウンロードして利用させることで調整がついた。この販売の仕方は 2015・16 の両年度とも同様であった。

---

[2] 広島修道大学生協専務理事

96 第1部 大学教育と読書

6.2 授業中にどうサポートをしているか

ビューアの開発は東京事業連合の電子書籍課が先生の意見を取り入れながら進めていっているが、広島修道大学生協としては毎回の授業にサポート要員1名を派遣し、主にディバイスと無線環境のトラブルがあった場合に備えて待機をさせている。

6.3 今後はどのように取り組むべきか

現状では、広島修道大学では残念ながらこの英語の授業のみでしかデジタルテキストが使われていない[7]。先ほどの先生の報告の中に「複数の科目がディバイスに入ればいいな」という学生の意見があったが、その意味でもデジタルテキストが使われる授業が学内で広がるために、まず他の研究室等も回るなどして販路拡大の可能性を探る必要があるのではないかと考えている。

そのためには、デジタルテキストと関係の深い機器担当者や書籍担当者が研究室訪問をという括りではなく、どの職員も、例えば食堂の職員がコンパの受注をしたときに、あるいは旅行部の職員が旅行・出張の相談を受けたときに先生とデジタルテキストの話をするなど、そういうマルチなことができるように、日頃から自分たちの考えもきちんとまとめておいて対応ができるようにしたいと思っている。

注
1) Xplana は、MBS サービス会社（米）の一部門であり、大学生の学生生活を改革するために既存の教育環境とソーシャル・ネットワークを結びつける等の業務を行っている。
2) MERLOT はカリフォルニア州立大学を中心にして発足したが、世界中からメンバーを募っている。日本では個人メンバーとは別に、コンピュータ利用教育学会（CIEC）がインターナショナル・パートナーとして覚書を交わしている。
3) 大学設置基準 21 条は「一単位の授業科目を四十五時間の学修を必要とする内容をもって構成」すると定めている。2 単位科目の場合は 90 時間の学修が必要になるので、1 コマの 90 分に 15 週を乗じた授業時間の 22.5 時間では足りない。不足する 67.5 時間は教室外で自主的な学修をすることが必要になる。これは授業時間の 3 倍にあたる。
4) コンピュータ利用教育学会 2016 年 PC カンファレンス 「セミナー 2」参照：*Computer & Education* Vol.41 p.101

第 5 章　大学教育における電子図書利用の有用性と可能性　*97*

5）　Jason Merkoski

6）　VarsityWave 専門書学修ビューアは、Windows、Mac OS、iOS、Android の各 OS に
　　対応しているが、Android の場合はディバイスによって設定が異なるので VarsityWave サ
　　イトそのものを表示できないケースがあり、必ずしもアンドロイドスマートフォンが使える
　　保証はない。

7）　その後広島修道大学では、部分的にではあるが 2017 年度の初年次教育科目でも Varsity
　　Wave のデジタルテキストが採用されることになった。テキストの販売方法は、学生が生協
　　の店頭でクーポンを購入し、印刷されている QR コードで VarsityWave サイトアクセスし
　　てテキストをダウンロードするやり方である。

参考文献等一覧

井上真琴（2004）『図書館に訊け』、ちくま新書 486

歌田明弘（2010）『電子書籍の時代は本当に来るのか』、ちくま新書 871

小笠原喜康（2003）『大学生のためのレポート・論文術　インターネット完全活用編』講談社
　　現代新書 1677

奥出直人（1990）『物書きがコンピュータに出会うとき』、河出書房新社

黒木登志夫（2011）『知的文章とプレゼンテーション』、中公新書 2019

斎藤　孝（2002）『読書力』、岩波新書 801

斎藤　孝（2008）『なぜ日本人は学ばなくなったのか』、講談社現代新書 1943

坂村　健（1982）『コンピュータとどう付き合うか』、カッパ・ビジネス 光文社

ジェイソン・マーコスキー（2014）『本は死なない　Amazon キンドル開発者が語る読書の未
　　来』、浅川佳秀訳、講談社

針持和郎（2016）「デジタルテキストによるリスニング：紙媒体教科書との比較考察」、
　　Computer & Education Vol.41 pp.22-26

宮内泰助（2004）『自分で調べる技術』、岩波アクティブ新書 117

Merkoski, Jason（2013）*Burning the Page: The eBook Revolution and the Future of
　　Reading.* Sourcebooks Inc.

MERLOT II　https://www.merlot.org/merlot/index.htm

Varsity Wave eBooks　http://coop-ebook.jp/

デジタル教科書協議会　http://ditt.jp/

総務省：知のデジタルアーカイブ～社会の知識インフラの拡充に向けて～（2012）
　　http://www.soumu.go.jp/menu_news/snews/01ryutsu02_02000041.html

第6章

大学教育と読書をめぐって

玉真之介[1]

　きょうは、「読書」、それから「能動的学修」というキーワードを設定したのに対して、様々なキーワードが追加されてきた。まず、「リーディング」という言葉が持つ意味が大きい。これから読書推進していく上で、また、大学教育改革との関係でも、「リーディング」が1つキーワードになるだろう。

　それに関連して、川嶋報告で「21世紀スキル」「ソフトスキル」、あるいは「ジェネリックスキル」という新しい言葉が出された。これらスキルの基礎として「読書」「リーディング」は位置づけられることが示された。

　さらに「リーディング」についても、「スキミング」「スキャニング」、それから「クリティカル・リーディング」をスキルとして分けて捉えなければいけないことが明確になった。学生が「読書」というときには、どうしても「小説」等を念頭に置いていることも報告の中で示された。また、この観念が読書推進の障害ともなっている。その意味でも、私たちがこれから進めていこうとする大学教育改革においては、リーディングスキルを高めるという観点に立って、3つの言葉を分けて議論していかなければならないだろう。

　同時に「アサイメント」という言葉も重要であって、日本の大学教育に照らして言えば「課題」「宿題」、さらに「予習・復習」と関連する言葉だが、それとの関連でも、「読書」よりも「リーディング」という言葉で議論した方が有

---

[1] 徳島大学生物資源産業学部教授

効と言えそうだ。

　さらに、アメリカの大学教育においては、リーディングとディスカッション、そしてライティングの3つがセットになって、それを順繰りに繰り返すというトレーニングが教育方法として確立していた。そのことは杉谷報告で、ライティングスキルを高める上で、リーディングが非常に重要であることが示された。しかし、そこで大きな障害となっているのは1セメスターに学生が履修する授業科目の数が多すぎることである。

　いま入試改革が進められているが、そこで初等・中等教育とどのように連携していくのか、とりわけ高校教育との連携が課題となっているが、リーディングスキルの課題も重要だろう。リーディング能力の向上という点では、図書館との連携も重要であり、その点で図書館のラーニングコモンズの活用が佐々木報告でなされた。川嶋報告でも話題となった新しいメディアやデバイスと「読書」の関係では、電子教科書を使った教育が持っている可能性について針持報告で示唆された。

　とりわけ電子教材を使うと、学生がテキストにアクセスするという時間、すなわち自学時間や教室外学習の時間を把握できる。そのことが新しい指導の方法に示唆するものがあることが示されたと思う。

　それにもまして、私たちはアメリカの大学教育の現状を聞いたとき、それと日本の大学教育にやはり危機感を持たざるをえない。いまようやく知識の記憶量を増やす教育から思考力、判断力、表現力を高める教育への転換が言われているが、小・中・高も含めてリーディングをベースにライティングとディスカッション、そしてプレゼンテーションを繰り返す教育が必要であると思わざるを得ない。まず私たちはこうした認識を共有して、生協の事業や教職員委員会の活動も取り組んでいく必要がある。

　その意味からも、ここで議論されたことをひとりでも多くの大学関係者に伝え、認識を共有していくことが、当面最も大切な課題であるだろう。

100　第1部　大学教育と読書

【質疑応答】

　質問1　アメリカの大学の学生は、学習時間が長いことがわかったが、学費、生活費はどうされているのか。

　橘　アメリカの大学では、授業料と寮費を合わせるとかなり高い。州立大学でも、約400万から500万円になる。多くの学生がスカラーシップ（奨学金）を得て進学する。先ほど紹介したニーナさんは卒業するまで1,500万円のスカラーシップを得て大学に入った。その意味で、学費はアメリカの方が高いが、その分、奨学金が充実している。

　質問2　アメリカの学生は、そんなに多くの本を読まされて、読書が嫌いになったりしないのか。

　橘　実際は、大学に入ってからやるのではなくて、小さいときからある程度、habit として生活の中に入っている。ただ、大学時代で厳しいのは、書かなくてはいけない。なので読む量も増えるが、調べるという読み方なので、嫌いになるという学生は少ないと思う。

　質問3　日本の学生は、批判することをためらう傾向がある。どうも、批判と非難の区別がつかず、とにかく避ける傾向にあるように思うが、それについてどう考えるか。

　杉谷　確かに学生は、遠慮して批判っぽいことはなかなか言わない。私がディスカッションの時間を少なくしていったのも、それが1つの理由でもある。他の教員の話では、クリティカル・シンキングのように批判的な読みをしたり、レビューをしたりすると、なんとなく自分が意地悪になった気がするとコメントした学生がいたという。抵抗感があるようなので、いまは個別の小さいペーパーにして、それをお互いに口で言うのではなくて、本人にだけに返すというシステムにしている。

　また、3年生のゼミ生では、個人で発表したときになかなか鋭い突っ込みが入らないため、今は共同研究という形にして発表させている。グループ対抗になると、意外に突っ込んだ意見が出てきて、日本の学生に合っているのかと感

じている。

　質問４　実験のレポートを書かせると、その後で添削にずいぶん時間を取られてしまうが、アメリカでも教員が添削をすることはあるのか。杉谷先生も添削をされているのか。

　橘　アメリカではないが、東北大学の工学部の学生を１クラス、60名、70名持っていても、１週間１回の英語だったら１セメスターに必ず200ワードぐらい書かせ、それを添削をして返す。そうしなければビルドアップできない。ファーストセメスターは何ワードぐらい、セカンドセメスターで何ワードと課題を課して書く力をつける教育改革をしている

　杉谷　私の場合は、最終的に4,000字のものを書くために、段階的に増やしていって、特に1,000字程度の中間論文と3,000字程度の中間論文に関して、私とTAで全員分の添削をしている。６月後半から７月にかけて、3,000字程度のものを40人分添削するのはものすごく大変だが、一応やっている。一部、ルーブリック的なものを取り入れ、添削コメントをつけている。

　質問５　ライティングの指導に関して図書館をどのように活用しているか聞きたい。

　杉谷　統一的なテーマで論文を書かせているわけではなく、各学生が関心を持ったテーマで文献を各自で見つけさせるやり方をしており、図書館の方には文献の検索実習をお願いしている。私が添削の段階で文献の紹介をすることもあるが、「調べ方が分からなければ図書館の方に、レファレンスのところに行って聞きなさい」という指導をしている。

最後の発言

　佐々木　大学図書館の現場で感じることは、よく図書館に来る学生はあまり心配しなくてもいいように思う。心配しているのは、図書館に来ない学生、社会問題に興味がない、新聞も読まない学生。そういう学生にどうやって新聞でも、雑誌でもいいから読ませるか、興味を持たせるのか。そこまで教員だけに

102 第1部 大学教育と読書

やってもらうは結構大変なので、そこで図書館との連携ができたらいいと考えている。

それから、本の読み方を知らない学生が本当に多い。本は最初から最後まで読まなくてはいけないと思っている学生が本当に多い。「必要なところだけ読めばいいんじゃないの？」とアドバイスをすると、「ああ、そうなんですか」と驚く。だからそういうことを教員から学生に教えてほしい。教えている人は教えていると思うが、そうやって学生に本を読むハードルを下げてやる必要があるのではないかと思う。

針持　本というのはやはりサーキュレートしていて、いい本、読ませたい本が絶版になってしまうことがある。大学教員の書いたものは一部専門家と大学図書館に入ってしまうと、あとはなかなか売れない。それで絶版になってしまう。しかし、たまに「どうしてもほしい」という要望を出版社が受けたときにどうしたらよいかと問われたことがある。私は、「デジタル化したらどうですか」と答えた。POD、Print on Demand で、注文があっただけ版を刷るというのもなかなかビジネスとしては苦しいらしい。そこで、「デジタル化されたらいかがですか」ということで、「東京事業連合に相談だけでもしてみては」と紹介したことがある。

この夏休みの課題として、私は英語のライティングのクラスで課題図書を出した。これはどこの本屋にもある講談社現代新書。700円いくらだから学生も買うだろうと思ったが絶版だった。唖然とした。とてもいい本だったので、学生たちに読ませたかった。「なんとかなりませんか」と講談社に電話をして、「PDFで渡してはいけないでしょうか」と泣きついたが、「そういうご質問に対しては、いいですよとは言えない」ということだった。

つまり、いい読書を学生たちにしてもらいたいが、サーキュレーション上の問題もある。かといって出版社はビジネスだからデジタル化するかどうか、迷うところもあるだろう。大学図書館や教員、それから出版社の間に生協というものがあるという位置づけを考えると、橋渡しをしていくのも生協の役割ではないだろうか。

川嶋　先ほどのアメリカ人は在学中はともかく、卒業後は読まなくなるの

ではないかという質問に関連して、1点触れると、アメリカ人かどうかは分かりませんが、たとえば海外に旅行に行くと、日本人は行ったらもうホテルをすぐ出て、どこかへ観光に行ったり、動き回らないと旅行に行った気分にならない。そういう気質なのかもしれませんが、外国の方はホテルのプールサイドで日ながらビールでも置きながら、ペーパーバックとか、ハードバックの本をずっと読んでいる人がいる。私はそういった海外のリゾートホテルへよく行くわけではないが、行くとよく見かける。それから移動の飛行機の中でも、私は映画ばかり見ているが、海外の方はやはり本を読んでいる例が多い。

なぜ、そうなのかについて、まずコメントしたい。

1つ目は、先ほど言語活動の重視に関して、初等・中等教育の学習指導要領でかなり重要な部分を占めると述べたが、それはどうもスキルとしての日本語教育ではなくて、文学中心の国語教育になっているように思う。あくまでもここからは憶測だが、教員養成課程で国語を教えている先生は文学部日本文学科出身が多いのではないか。これは統計的に信頼できるものを持ち合わせていないがそう思う。

それに関連して、いま英語の2技能から4技能が重要ということで、入試でもそれをきちんと評価しなさいということになった。国語というか、日本語についてもきちんと4技能を、ライティングだけではなくて、人の話を聞いて、きちんと自分の意見が言えるというスピーキングを含めて、国語だけではなくて、あらゆる教科の中で、これからは初等・中等教育でも訓練を行う必要がある。

先ほどのまとめの中で、アサイメントのプロセスとしてリーディングとディスカッションとライティングとあったが、スピーキングというのも非常に重要なアウトプットである。それが1点目。

2点目は、大学教育改革の問題について。日本の大学教育改革というのはある課題が出てくると、それに対症療法的に改革を考え、トータルな改革につながらない。結局1つの課題には有効かもしれないが、その改革をすると別のところに、また課題が出てきてしまうモグラたたき改革方式なので、例えば先ほどの履修科目数を削減するという点についても次のような問題がある。

104 第1部 大学教育と読書

　今はクオーター制をどこの大学でも導入し始めているが、それは15週、16週を半分に割って8週。その中で複数回をやるので、結局は1科目2単位は変わっていない。これを変えて標準的な単位数を1科目を2単位ではなく3単位にすると、科目数は3分の2に減る。

　それに加えて、単位数を増やして履修科目数を減らすだけではなく、やはり先ほどアメリカの例で出たが日本は授業料が従量制になっていない。国立大学なら53万8,000円払えば、バッフェ方式で何科目でも取れる。もちろんキャップ制もあるが、キャップ制が本当に実質化していない。

　従量制になれば、たくさん勉強したければたくさん授業料を払わなくてはならず、経済的な問題もあるかもしれないが、いま奨学金の充実も検討されているので、そういうものをトータルに考えていかないと、先ほど言ったようにモグラたたき方式で、1つ片付いても、次の問題が出てくる。だからしっかりとここは腰を据えて、場当たり的に改革するのではなくて、きちんと体系的な、システマティックな改革が必要である。

　最後にリーディングについて。やはりリーディング、読書に限らず、学術論文を読むということにも通じますが、キーワードはダイアローグだと思う。対話だ。つまり小説を読むのは作家との対話だし、学術論文を読むのは研究者との対話。そして授業との関連で言えば、教室に戻ってきて先生やクラスメイトと対話をする。

　先ほどの非難、批判ができないという話に通じるが、学生に「何か発言はないですか」と言うと、ダイアローグとか、ディスカッションではなくてQ&Aになってしまい、なかなかディスカッションとか、ダイアローグにならない。それをどうダイアローグやディスカッションにするかというところが、やはり教員の力量が問われるところなのだろう。

第2部
大学・学生をめぐる諸課題と大学生協

　第2部には、全国大学生協連「全国教職員セミナー in 岡山」
(2016.9.2-3) の2日目に開催された5つの分科会と1つの特別
講演を収録した。5つの分科会は、全国教職員委員会の5つの
プロジェクトチーム（①「学びと読書」、②「食と安全」、③「環
境と防災」、④「グローバル社会と平和」、⑤「協同組合教育と組
織づくり」）が企画・準備・運営したミニシンポジウムである。
最初に、企画の趣旨を述べ、続いて当日の報告者の要旨を収録
している。特別講演は、開催地の岡山において豊かな瀬戸内の
海を再生するための取組が長年にわたって取り組まれているこ
とにちなんで、日本環境衛生センター理事長の南川秀樹さんに
お願いした特別講演の概要である。

第1章

読書を身近に
── 読書時間0を1にするために ──

「学びと読書」プロジェクトチーム

1. はじめに

　私たちのプロジェクトチームは、「読書時間0を1にするために」というテーマを立て、大学生には「読まなければならない本」と「読みたい本」があるとして「大学生としての読書」「心が楽しみ、心を豊かにする読書」の2つのリーディングリストの作成に取り組んだ。しかし、学生の中でも読書が生活の一部になっている学生と、まったく読書とかけ離れた生活をしている学生とに二極化があることを考えると、後者の学生に向けたリーディングリスト作成の困難さが見えてきた。

　そこでプロジェクトチームでは、まず読書へのガイドとなる「書評誌」に着目し、現在発行されている会員生協の書評誌をリストアップし、今後の読書推進活動の資料や記録として役立てていくこととした。

　この章では、「読書を身近に」をテーマとして、2つの実践報告を収録した。最初は、書籍店舗の取組事例として、組合員の声をもとに来店の動機を作りだし、読書推進につながる企画を展開する店舗づくりに取り組んでいる同志社生協である。2つ目は、読書推進活動とタイアップした書評誌の事例として、大阪大学生協の「ブックコレクション教員 vs 学生団体書評対決」を紹介してもらう。

第1章　読書を身近に ―読書時間0を1にするために―　107

　一般的に、大学における「読書推進活動」は、どうしても大学、教員、学生、図書館、生協店舗等々の縦割りの活動になり易く、その結果、アンバランスで偏った内容、企画、活動に陥り、成果を伸ばせていないように思われる。その意味で、特に2番目の実践は、大学の中の様々な階層や組織が「横の繋がり」で連携することに積極的に取り組んだ事例であり、連携の重要性を教えてくれる貴重なものである。

チーム座長：今山稲子[1]

2. 大学生の読書状況と読書推進企画

宇津山琢磨[2]

はじめに

　大学生の一日の読書時間が「0分」の比率が2015年に45%を超えた。このような現状の中、今の大学生が読書に興味がなくなったのかという疑問が湧き、研修の一環であった「組合員さん100人に聴きました」において読書推進をテーマに取組を進めた。以下はこの取組の報告である。

聴き取り調査の結果

　まず、現状把握をするため以下の項目で聴き取りを行った。①どのくらい読書が好きですか？　②今まで読んだ本の中で一番おもしろかった本、③面白かったポイント、④これから読みたい本、の4つの項目である。

　①に関して、「大好き」「好き」と答えた学生が77%と読書時間の減少に反し、読書好きが意外に多いことがわかった。ただし、「好き」「大好き」と答えた学生の中で、④に関して「特になし」と答えた学生が12%であった。また、

---

[1] 京都大学理学研究科生物科学図書館
[2] 同志社生協 良心館ブック＆ショップ

この中で、「本屋に行かないとわからない」という回答があった。

聴き取り結果から、読書時間の減少は少なくとも「読書が嫌い」が最たる原因ではないと言えるだろう。読書への興味が少なからずあるのであれば、お店で興味を引き立てる提案ができれば、手に取ってもらえるのではないだろうかという仮説を立てた。

読書推進企画

興味を引き立てる提案を考えるうえで、コーナーのタイトルに注目した。タイトルに少し変わったフレーズを使用した。コーナー名は「ふだん本を読まない人を夢中にした本」である。約2か月の展開で計49冊、同じ銘柄の昨年（2015/4-2016/3）の販売総数97冊。約2か月で昨年1年間の約半分が学生の手に渡った（表1を参照）。

企画の実施の結果を受けて、お店がいかに学生の興味を引き立てることが

表1　ふだん本を読まない人を夢中にした本

書名	著者名	出版社	本体価格	出版年月
遥かなるケンブリッジ	藤原正彦	新潮社	490	1994/7
フェルマーの最終定理	サイモン・シン	新潮社	790	2006/6
そして誰もいなくなった	アガサ・クリスティ	早川書房	760	2010/11
華麗なるギャツビー	フランシス・スコット・フィッツジェラルド	講談社	1,200	2000/7
阪急電車	有川浩	幻冬舎	533	2010/8
夜のピクニック	恩田陸	新潮社	670	2006/9
人間失格	太宰治	集英社	260	2008/8
下妻物語	嶽本野ばら	小学館	600	2004/4
スイッチを押すとき	山田悠介	河出書房新社	600	2016/2
プラチナデータ	東野圭吾	幻冬舎	724	2012/7
サラバ！　下	西加奈子	小学館	1600	2014/11
サラバ！　上	西加奈子	小学館	1600	2014/11
万能鑑定士Q	松岡圭祐	角川書店	1600	2010/4

できるかが、読書推進活動を進めていく上での重要なポイントであると実感した。今後の読書推進企画でも、このポイントを外さずに企画を展開していく所存である。なお、現在は、学生委員会や本屋サークル（生協に関わっている読書サークル）に共同で行う読書推進企画を起案中である。

3. バトルから読書へ
—書評対決・ビブリオバトル・ショセキカという挑戦—

中村征樹[3]・松行輝昌[4]

朴　寿美[5]

　ここでは、私たちが大阪大学で展開してきた「読書」にかかわる3つの取組について紹介する。それは、教員と学生団体で書評対決を行う企画「ブックコレクション」、ビブリオバトルに特化した授業「ビブリオバトル入門」、そして書籍『ドーナツを穴だけ残して食べる方法　越境する学問—穴からのぞく大学講義』に結実したショセキカプロジェクトの3つである。それらの取組は互いに独立したものではあるが、共通の「しかけ」としていずれも「対決（バトル）」を組み込んでいる。この分科会は「読書を身近に」をテーマに掲げているが、「対決（バトル）」はそのための重要な「しかけ」になりうるのではないか。そのような観点から、以上の取組について簡単に紹介したい。

「ブックコレクション　教員 VS 学生団体書評対決」
　「ブックコレクション」は、大阪大学の共通教育に携わる部局に所属する中村、松行が、大阪大学生協書籍部、大阪大学附属図書館との連携のもとで展開

---

[3] 大阪大学全学推進機構准教授
[4] 大阪大学全学推進機構准教授（報告当時。2017年4月より大阪大学産学共創本部招へい准教授。以下、所属等は報告当時のもの。）
[5] 大阪大学生活協同組合 第一事業部次長

している企画である。毎月、教員と学生団体がそれぞれ5冊ずつ、紹介したい本を選書し、その書評を執筆・公開する。選書された書籍と書評は、生協の店舗と附属図書館の特設コーナーに陳列される。勝負の勝敗を決めるのは、身も蓋もないのだが、どちらの書籍が生協店舗でより売れたか、である。

2年前より展開してきたが、2014年度は教員4勝、学生団体5勝、引き分け1、2015年度は5勝5敗と、勝負は当初想像していた以上に桔抗している。教員が学生に良書を薦めるという企画はほかにもあるが、教員と学生がおなじ立場にたって本を紹介し（これはある意味できわめて「大学らしい」のではないか）、しかもそこで勝負を競うという点が本企画の特徴だろう。

また、学内各所に設置されているディスプレイでは、広報部署であるクリエイティブユニットの全面的な協力のもと、両者の対決を煽るような印象的な映像が繰り返し放映されており、学内での認知度も高まってきた（この映像も含めて、ブックコレクションの全容は阪大生協の特設ホームページで公開されているので、ぜひご覧いただきたい）。

基礎セミナー「ビブリオバトル入門」

ビブリオバトルはいまや全国の教育機関や図書館等で開催されている。報告者の中村は、2011年度から、主に大学1年生を対象にした共通教育科目として、ビブリオバトルに特化した授業「ビブリオバトル入門」を実施してきた。1学期間15回にわたってひたすらビブリオバトルを行うという授業である。受講者は本好きの学生が多いが、読む本の幅を広げること、人に伝える力を培うこと、コミュニケーション力を磨くことなどを目的に掲げている。

授業では、通常のビブリオバトルのほか、文理横断ビブリオ（文系の学生は理系の、理系は文系の書籍を紹介）、古典ビブリオ（古典作品として戦前に出版された書籍を紹介）、映画ビブリオなどを織り交ぜている。ビブリオバトルを行ったあとには、グループに分かれて「振り返り」を行う時間を設けている。プレゼンテーションの仕方について教員としてはとくに指示を与えていないが、回を重ねるごとに受講生たちの能力がみるみる向上していくのが印象的である。また、本好きの学生の横のつながりの構築という面でも効果的だと感

じている。

ショセキカプロジェクト

「ブックコレクション」と「ビブリオバトル入門」はいずれも本を「読む」ことにかかわる企画であった。それに対して、本を「作る」ことを主軸に据えたのが、中村、松行が大阪大学出版会との連携のもと、2012年から2年間にわたって展開したショセキカプロジェクトである。ショセキカは書籍化に由来しており、「大阪大学の知を魅力的に社会に発信する」をコンセプトに、大阪大学の教員が執筆する書籍を学生が中心となって企画・立案、編集作業から装丁、広報まで担う企画である。2012年度後期に授業「本をつくる」を開講し、授業内ではコンペのかたちでグループごとに企画を提案してもらった。

コンペを勝ち抜いた企画は大阪大学出版会の出版委員会でプレゼンを行い、そこで了承をえれば出版が決定される運びであった。それらの「対決」をみごと勝ち抜いたのが、「ドーナツを穴だけ残して食べる方法」をめぐって大阪大学の教員たちが格闘する姿を通じて学問の醍醐味を読者に伝えるという企画だった。プロジェクトの成果は2014年に『ドーナツを穴だけ残して食べる方法 越境する学問 ― 穴から覗く大学講義』として大阪大学出版会から出版され、現在、発行部数は16,000部に至っている。同書の出版までには紆余曲折があったが、やはりここでもコンペという「対決」の場や、さまざまな場面での学生と大人たちとの「対決」が重要な要素だった。

参考ウェブサイト

大阪大学生協ブックコレクション特設ページ
  http://www.osaka-univ.coop/event/07_4.html
基礎セミナー「ビブリオバトル入門」blog
  http://d.hatena.ne.jp/nmasaki+bibliobattle/
大阪大学全学教育推進機構ショセキカプロジェクト特設ページ
  http://www.celas.osaka-u.ac.jp/activities/

京大生協の書評誌『綴葉』紹介

戸嶋祐貴・河内高志・近藤梓氏（『綴葉』編集部 京都大学大学院生）

　書評誌『綴葉』は1975年に創刊され、2015年に40周年を迎えました。当初は不定期発行でしたが、1994年以降は年10回（8・9月号と1・2月号が合併号）のペースで発行しています。編集委員は京都大学の大学院生10名程度で構成され、文系理系問わず多様な専門分野の知見を生かして書評を執筆しています。

　本誌はA5サイズ、16ページ構成です。最初に編集委員オススメの本を2冊取り上げた「話題」欄があります。次の「特集」欄では、ポストモダン・自然科学などのアカデミックなものからトンデモ本・オタクなどの比較的親しみやすいものまで毎号異なるテーマを設けています。「新刊」欄では10冊前後の新刊書を各編集委員が担当し、そして「新書」欄では新書を3冊紹介しています。また「企画」欄では担当者が好きなテーマに沿って本を紹介しています。

　本誌は読者との交流を図るため、最終ページには「編集後記」、「クイズ」、「読者からのひと言」などのコーナーを設けています。また読者からの投稿を受け付けており、学部生、組合員、教職員の方々も書評に参加できます。さらに本誌は京大生協と提携し、生協書籍部の一部に『綴葉』コーナーを設けて紹介した書籍を配置して頂いております。

　方針としては学部生向けに、学術書・古典など比較的硬い本から現代小説・漫画など流行の本まで、大学生として読むべき本を幅広く取り上げ、生協書籍部の売り上げに貢献するとともに大学生の読書習慣の形成に寄与することを目的としています。

　大学生が良い本と出会える手助けとなるよう、毎週編集会議にて相互に原稿を校正し、切磋琢磨して良い書評となるよう本誌を作っています。

　京大生協のホームページ上でも綴葉最新号及びバックナンバーを公開しておりますので是非ご覧下さい。

　http://www.s-coop.net/about_seikyo/public_relations/teiyo/

第2章

大学生協の食堂や共済の事業への
教職員のかかわり方

「食と安全」プロジェクトチーム

1. はじめに

食育基本法では、次世代の社会を担う青少年の食育を国民全体で推進しなければならないとされている。大学生協は、食堂を運営しており、大学生に関して福利厚生だけでなく、生活協同組合として、生活面の学生の指導についても期待されている。また、食事バランスや食事を含めた生活リズムは学生の肉体的や精神的な健康に大きくかかわり、このことは共済事業にとっても大きな課題である。

そこでこの章には、学生の食育に関して2つの報告と共済事業に関する報告を1つ収録した。最初の報告は、大学生協連の食堂事業について、その現状と課題、ならびに今後の方向性について大枠の議論を示すものである。2番目は、中国・四国事業連合がミールカードを開発してきた過程とそこでの食育の考え方、そして今後の課題を述べている。3番目には、大学生協の共済事業について学業継続と社会人基礎力育成の2つの貢献について述べられている。

教職員委員会の中で食育を取り上げたのは、すでに15年近く前になるが、やはり教職員だけ、生協職員だけでやっていても十分ではないので、生協全体でどのようにやっていくべきかを考える場が重要であると考えて企画した。学生の食育や学生の安全の問題を生協全体で考えていく機会になることを期待している。

チーム座長：佐藤敬一[1]

---

[1] 東京農工大学農学研究院准教授

2. 大学生協食堂事業の現状とあるべき視点

中西司郎[1]

大学生協食堂の現状

　大学生協連合会の「食に関する事業の長期戦略」は、2011 年より 2025 年までには成し遂げる課題を設定したものである。現在、大学生協の組合員数約 154 万人で、学生の食事業は 2,260 億円と推計されるが、現在、大学生協の食堂は 310 億円の供給規模なので、シェアは 14%にとどまっている。一人当たりの利用高は中四では 3.5 万円に迫るが、全体では 2 万円ほどである。食品（菓子・飲料を含む）は 240 億円で、10 年間で 15%伸びているが、食堂は 11%しか伸びていない。コンビニ大手 7 社では売り上げ 9,650 億円、客数 14 億人、客単価 606 円、10 年で 45%伸びている。外食産業は 25 兆円規模（27 兆円がマックスと言われている）である。

　生協食堂事業が伸びない理由としては、①安価で簡便な食事を求める学生と、バランスよい食事を提供したい生協とのニーズギャップ、②不況の中で育って生きた学生は、賢く・スマートな生活を目指す消費者で価値観が異なる、③自己充足的な価値観への変化（最低限の消費で内面的な充足感や満足を得る）などがあると考えられる。

生協食堂としてあるべき視点

　そこで、生協の政策としては、以下の 5 つの課題に取り組むことが重要と考えられる。第 1 に、ミッションの再定義という意味でも「食育」、すなわち健康のため栄養重視、食生活に関する知識と技術の向上を、他の競争相手に対する大学生協の競争優位なものにすること。第 2 に、立ち後れている飲

---

[1] 大学生協東京事業連合

食環境の整備に取り組むためにも、緊縮型の経営対策を見直すこと。第3に、新たな価値を創造し、学びと成長を支える事業としての食堂事業としてヘルスとフードを結びつけ、暮らしの中に食文化を復元していくこと。第4に、ミールプラン・ミールカードを事業基盤にしていくこと。そして、第5に、低価格ではなく「お値打ち感」のある商品の提供を行っていくこと。以上の5つである。

　最後は、学生のライフスタイルに合った業態提案や人材開発等、マネジメントのあり方を工夫していくことが重要と考えている。食堂事業は教職員の間で関心が低いかもしれないが、「私たちが提案できる事業コンセプトは何か」について、教職員の積極的な提案や旺盛な議論を期待している。

3. フードサービスから食育事業に

朝日喜久雄[3]

食事写真調査の実施

　学生の生協食堂の利用は 1990 年代に入り失速し、停滞ないし長期低落傾向にあった。また、学生の食費支出は 1 年間の学期中 1 人 20 万円に対して、生協食堂での利用は 1 週間に 1.7 回、年間 1 万 8 千円の支出しかなく、学生の食需要の 1 割にも満たない実態だった。しかも、食堂施設が狭溢であるため昼食時には大混雑しており、混雑を理由として利用を忌避される始末だった。これでは、生協食堂が組合員の生活に貢献できているとは言えない状況であった。

　事業政策の立案に取り組む過程で、「食卓の向こう側」（西日本新聞社）に掲載された長崎大学の食事写真調査に習い、中四国の学生組合員に協力を得た食事写真調査を行った。その結果は、ある学生の 1 日の食事代は 532 円、エネ

---

[3] 大学生協中国・四国事業連合

ルギーは 1,896kcal でしかなかった。成人男子に必要な「推定エネルギー必要量」2,650kcal の 7 割しか取れていない。タンパク質は目標 60g に対し 50g、脂肪 25g に対し 55g、野菜 350g に対し 62g という結果だった。この事例のように 1 日の食費を切り詰めて他の出費に流用するなど、学生の間では、食事を欠食、もしくは簡便な食品や菓子で「代用」して支出を抑制する食生活が常態化していることが判明した。生協食堂の「競争相手」は外食事業者ではなく、食費を抑制する組合員の生活スタイルそのものにあることが分かった。

　この調査を通じて私たちは、学生本人の健康維持や食文化の継承が深刻な事態にあることを認識した。生協食堂の使命は、メニューや価格といった目先の対策より、組合員の生活スタイルをいかに正しい方向に導くことに置くべきだと気づかされた。

ミールカードの発案

　ちょうどその時、山口県の水産大学校生協で、1 人の保護者が「生協食堂なら子どもの食生活を任せられる」と 1 年間分 170 枚の食券を買い求められたことをきっかけに、やがてミールカードへと発展する「年間ミールクーポン」の取組が始まった。この小さな一歩が、生協の存在価値を生むきっかけとなった。

　ミールクーポンを手にした学生は毎日食堂を利用し、また鳥取大学で始まった朝食会（学長の提唱で、4 月の間、毎日無料で朝食を提供）には毎日 900 名のうち 600 名もの新入生が参加した。食事写真調査ではおにぎり一個など簡便な食品で食事を済ましていた学生たちが、ちゃんとした食事をとるようになったのである。学生たちは、限られた生活費に影響がなければもっとましな食事ができるし、健康になりたいというニーズを潜在的に保有していた。食費の節約が、ゆがんだ食生活を生む背景にあった。

　これらの結果から、食育を行い学生と大学の成長発展を支えることが生協食堂の存在価値であり、フードサービス事業からミールカードをツールに学生の食習慣を転換し健康を保障する「食育事業」に、生協食堂を「選択肢の一つから、家庭の食卓の代行、健康のために食生活を任せる生活基盤」へと事業の転換を図ることにした。

これらは生協らしい取り組みとして、学生、保護者、大学からも支持を得て全国に広がり、中四国では、この 10 年でミールカードが学生の 3 割に広がるとともに、食堂の利用の停滞を打ち破り、2004 年に中四国全体で 20 億円の事業規模が、10 年間で 40 億円規模になった。2016 年は 45 億円の見通しである。2015 年度は食需要 200 億円に対して食堂事業 42 億円、食品・ショップ事業 18 億円 を加えると 60 億円になる。経営も安定し、狭溢な食堂施設を大学と協力し改装・新設する動きも活発に行われてきている。また、事業の理念に沿った食育の取組は各大学生協で様々な形で実施されている。

今後の展望

昨年、食育事業を開始してから 10 年目にして、改めて学生の食生活調査を実施した。調査の結果からは、ミールカードを購入したからと言って必ずしも理想的な食事ができているわけではなく、朝食の欠食、栄養素の摂取不足、野菜の摂取不足が課題として浮上してきた。大学と協力して健康的な食生活の情報をインプットすること及び、ミールカードをますます多くの学生に普及し正しい食習慣をつけてもらうことが、大学生の食生活の改善向上に繋がっていくとの展望を持ち、食育事業をいっそう推進していきたい。

4. 学生の学業継続と社会人基礎力養成に寄り添う大学生協の共済事業

寺尾善喜[4]

ここでは、大学生協の共済事業が担っている協同組合としての運動的役割の発揮、また社会的な評価につながる事業的な価値について、2 つのアプローチから述べる。1 つは、学生の学業継続への貢献であり、もう 1 つは社会人基礎

---

[4] 大学生協共済連専務理事

118　第 2 部　大学・学生をめぐる諸課題と大学生協

力の養成につながる学びの効果である。さらに、そのアプローチへの教職員が
関わる意味と価値について提起したい。

大学生協の共済事業が学生の学業継続に貢献するというアプローチ

　共済事業は、保障事業の側面からは、学生総合共済を主軸とした大学生協
の 5 つの保障への加入を通じて、もしも何かあったときにはお見舞い金（共済
金・保険金）を支払って、「学業継続」を支援する事業としての役割を発揮し
ている。2015 年度は 44,710 件、約 42 億 9,000 万円の共済金・保険金のお支
払いを通じて、学生の学業への復帰や継続を支援した。

　保障制度に付帯されるサービスの利活用を通じて、学業継続を支援する効果
も見られる。学生生活無料健康相談テレホン（共済付帯）では、からだの健康
相談（574 件）やこころの健康（メンタルヘルス）相談（967 件）の利活用が
ある。特にこころの健康相談では、精神障害、精神疾患、発達障害や統合失調
症、適応障害、ADHD、アスペルガー等々の本人からや母親からの相談が多
い。

　また、扶養者事故死亡特約共済金相談（55 件）や、示談交渉サービス（学
生賠償責任保険）の利活用（1,130 件）の実績がある。特に、メンタルヘルス
に関する給付や問い合わせに関わる年次報告書については、全国大学メンタル
ヘルス学会の全国大会などにも共有し、保健管理センターや学生相談室との取
り組みの連携を模索している。9 月からは 全国大学保健管理協会の賛助会員
として参加している。

　また、大学生協の勉学援助制度への寄付の実施や事務局としての関与を通じ
て、共済や保険での保障とは別に、扶養者の死亡に対する緊急の勉学援助金の
支給を行っており、1 年間で 179 件、1,784 万円の給付を実現している。

大学生協の共済事業への参加を通じて学生の社会人基礎力の向上に役立つとい
うアプローチ

　大学生協の事業と活動の中で、大学生協共済が担っている役割に、学生が多
様なステークホルダーとの関わりの中で、リスク（すなわち、学生の生命や健

第 2 章　大学生協の食堂や共済の事業への教職員のかかわり方　*119*

康・勉学研究ならびにその環境に望ましくない結果をもたらす可能性）を「自分事」としてとらえて、お互いに「参加」意識をもって、リスクへの対処能力（≒リテラシー）を向上させる活動への参加につなげることがある。大学生が「学生を取り巻くリスク」への対応を基軸にして、共済活動の 4 本柱（加入・給付・予防・報告）の様々な実践場面に関わることには、社会人基礎力を育む学びの機会への参加という意味合いを見いだすことができる。

　給付事例学習会は学生がリスクの実態を「自分事」に引き寄せて理解し、予防活動につなげる学びの取組です。自転車運転中のヒヤリハット体験をハザードマップに展開する事例や、大学の研究室と連携した WEB マッピングを活用した「自転車安全運転マップ」の実践例もある。その他、自転車・バイク安全運転、防災、一気飲み・アルハラ防止などの取組を行っている。大学生協連と共済連が開催する「学生の生活リスク講座」には、学生・行政・専門家（大学教職員）・メディアの各方面の参加を得て、ブラックバイト、キャンパスハラスメント、カルト、消費者トラブル、ネットの落とし穴、メンタルヘルスなどのテーマで、学生のリスクリテラシーを育む取組を進めている。

　以上の 2 つのアプローチに関わる具体的な取り組み事例は、大学と大学生協の連携関係、教職員と生協役職員との協働関係が、学業継続と学生の学びと成長に強いインパクトを持つものと確信している。こうした点について、教職員の理解と協力を得て、共済を通じた大学との関係づくりをさらに進めたいと考えている。

第3章

環境と防災
― 里海に学ぶ、地域と世代をつなぐ ―

「環境と防災」プロジェクトチーム

1. はじめに

　全国教職員セミナーが岡山で開催されるにあたり、大学生協連・中四国ブロックでは、特別企画として豊かな瀬戸内の海を育む、「日生における里海の取り組み」をテーマとした。

　日生の海の取組は、豊かな海を育み、地域を守り育てるとともに、地域と世代をつなぎ、拡げ、次世代の育成に貢献する取組でもある。

　この取組を 30 余年にわたって継続してこられた方々に、その実際と現在について直接、話をうかがえる貴重な時間にしたい。この分科会では、2016 年 6 月 4 日〜5 日に、備前市日生にて開催された「全国アマモサミット 2016 in 備前」に参加された 2 名の方から報告していただいた。

　田中氏からは、アマモの役割について最新の知見を踏まえて、これまでのアマモ再生に向けた取組を報告いただいた。次に、愛媛大学 4 回生の谷口裕樹さんからは、アマモサミットへ参加した感想と愛媛大学生協での環境活動の報告をしていただいた。これらの報告に基づいて議論を行う中で、里海や里山の活動はその中だけでまとまるのでなく、「森、里、川、海」の流域はもちろん、人と物の流れも含めてつながって活動していくことが大切であることが確認された。

　　　　　　　　　　　　　　　　　　　　　　　チーム座長：高本雅哉[1]

---

[1] 信州大学医学部特任教授

2. アマモ場再生活動 30 年の歩み

田中丈裕[1]

日生の漁業

備前市日生は岡山県の東南端に位置し、本土と 13 の島々から成っている。日生千軒漁師町と呼ばれ、小型機船底びき網、小型定置網、流し網漁業、カキ養殖業などが盛んな漁業の町である。室町時代中頃には京都、大坂にまで魚を売るほど漁村として発展していたが、日生の漁師の漁業にかける意欲は凄まじく、三重・和歌山から九州方面まで漁場を求め、1880 年代（明治 20 年頃）からは朝鮮半島、台湾、マニラ、シンガポールにまで出漁していた。また、ハマチ・トラフグなどの養殖業などにもいち早く着手し、1958 年にはハマチ 40 万尾の生産を揚げていた。

岡山県はカキ養殖業生産量、生産額ともに全国第 2 位（2014 年）を誇っているが、日生は主産地としてその一翼を担っている。ここ数年来"海ごみ"の問題がクローズアップされているが、日生町漁協は底びき網に入網する海ごみの回収処理を 1982 年から 30 年以上続けている。

また、画期的な試みであった 11 府県によるサワラ瀬戸内海系群資源回復計画の着手にあたっては、網目規制の先行着手、受精卵放流、中間育成放流など先鞭を切り推進役を担った。カキ養殖筏の廃棄に伴い発生する竹廃材についても、備前焼への利活用にも取組「日生のカキ筏から生まれた備前焼プロジェクト」を推進している。

"五味の市"は、1967 年にせりを終えた後の漁協荷さばき施設を利用して、市場出荷の売れ残りを地元住民に提供するための浜売りとして始められた。1970 年代後半に入って京阪神からの観光客など来客数の増加に伴って漁業者

---

[1] NPO 法人里海づくり研究会議理事・事務局長

にとってメインの出荷先となり、マーケットに応じた資源利用が図られ、無駄のない価値実現と資源管理が可能になっている。

アマモとカキの里海再生

日生は漁場環境や水産資源の保全・回復についても常に主導的、先駆的な役害を果たし、漁業と観光業等が連携して6次産業化を推進し、古くから人の手を積極的に加えることで発展してきたという面において"里海"と呼ぶにふさわしい沿岸地域である。

1950年代までの日生の海は、広大なアマモ場と大小様々な貝床（ホトトギスガイの群落）に覆われた「アマモと貝床の海」だった。しかし、1960年代に入ると急激な水質環境の悪化に伴いアマモ場と貝床は消失し、「平坦で均一な泥の海」と化してしまった。漁船漁業の衰退とともに1970年代からカキ養殖業が急激な伸びを見せ「カキの海」に姿を変えていくが、この間のたゆまぬ努力によって2010年代には「アマモとカキの里海」として新たな姿を築き上げた。

そして、これら里海づくりの中心は、ほとんど消滅していたアマモ場を30年以上の歳月と地道な活動を重ねて250haにまで回復させたアマモ場再生活動にある。その内容は、大きく分けてアマモ場の再生、海洋牧場づくりと海面利用ルールの策定、アマモ場とカキ養殖を通した環境学習の3つに整理できる。

アマモは弱い稚魚にとって安心して暮らせる場所であり、多くの餌となるものがあり、夏場には日差しを遮ってくれる漁業には欠かせない場所である。また、他面では、海洋における物質循環を促し酸素を供給することで、海の環境を守る。さらには二酸化炭素を吸収する上に、枯れると分解されて二酸化炭素を出す海藻と異なり、種子植物であるアマモはセルロースが主成分で分解されにくい。

アマモ再生のあゆみとこれから

アマモ再生までの歩みを追うと、つぼ網漁業者を始め有志だけで着手し地道な取組を続けた「初動期」、カキ養殖業者や底びき網漁業者なども含め漁協全体として取り組むことになった「基盤形成期」、地元商工会や観光協会、OPRI

海洋政策研究所や大学の科学者など幅広い関係者が加わり備前市沿岸域総合管理研究会が組織化された「拡大期」の３期に分けることができる。今では、生活協同組合おかやまコープなど流通消費部門、一般市民、地元中学校などが活動に参画し、立場や世代を越えて、漁師と市民と子ども達協働による里海づくりが進められており、環境教育や陸域を含めた地域振興にまで広がりを見せた。

　アマモサミット後の８月25日には海洋立国推進功労者表彰、総理大臣賞を受賞し。今後も里山、里海、街を包括する循環型地域社会の構築を目指して、新たなステップを踏もうとしている。

3.「全国アマモサミット」での学びと愛媛大学生協の環境活動

谷口裕樹[3]

「全国アマモサミット」に参加して

　６月に全国アマモサミットに参加した。参加したきっかけは、藻谷浩介著『里山資本主義』（角川新書、2013）を読んだからである。そこで、岡山県真庭市など山で暮らす人々の知恵や工夫を知った。また、それは海にもつながると考えて、アマモサミットに参加した。

　参加して最初に、一つの目標を持って何かを行うということは、地域の力を強くすると感じた。私自身が防災活動等を行っていて、地域のつながりの大切さを感じていた。日生中学校、日生小学校の子どもたちが地元の漁師の方々と話したり、地元の産業を知ったりする機会があることは、たいへん貴重であると感じた。またディスカッションの場も、漁師の方々や地元の方々が、専門的な方々と一緒になって参加型のディスカッションをしていたことが強く印象に残った。

---

[3] 愛媛大学理学部４年

124 第2部　大学・学生をめぐる諸課題と大学生協

樹恩割り箸工場見学

　ここからは、愛媛大学生協の環境活動について述べる。最初は、「樹恩割り箸工場見学」についてである。「樹恩割り箸」とは、間伐木材を利用して、組合員に1円を払って利用してもらう箸のことである。この「樹恩割り箸」にはポイントが2つあって、1つは、間伐材、国産材を使用することで、日本の森林、森を元気にすること、またもう1つは障害を持った方の仕事づくりに貢献することである。

　前者について補足すると、昔に植林をされた森が、木が混み合って間伐を必要としている。間伐は下層植生を回復させて土砂災害を防ぐことにつながり、また水源涵養機能を向上にもつながる。さらに下層植生の生育によって、生息する動物の多様性も向上して、森が元気になることに貢献するのである。

　愛媛大学生協の「樹恩割り箸」は、徳島県三好郡山城町の障害者施設「セルプ箸蔵」でつくられている。これは、1998年に大学生協の呼びかけにより、特定非営利活動法人・樹恩ネットワークが地元の森林組合と協力してつくった施設である。先ほど、「樹恩割り箸」に1円というのは、中国産の割り箸から「樹恩割り箸」に替えるために生じる約2円の経費増を生協と利用者で1円ずつ負担するという意味である。

　愛媛大学生協の学生委員会は、2015年に樹恩割り箸工場見学に初めて行った。これは、生協学生委員会の活動として「樹恩割り箸」の利用を呼びかける上で、自分たちが納得する必要があると感じたからである。実際、参加者からは現場を訪問したことで、自信を持って推進活動ができるという感想が得られた。また、利用促進のための方法としては、生協の食堂や店舗等にポスター、POP、SNS、Twitter等を利用している。

環境遠足とキャンドルナイト

　次に、学生委員会が取り組んでいる他の環境活動として、環境遠足という名のゴミ拾いがある。これは、キャンパスの内外のゴミ拾いを通じて、学生にゴミの現状を知ってもらうことが一番のねらいである。また、松山市のゴミの分別に対する学生の理解を広げる意味もある。

キャンドルナイトは、食堂の廃油を用いてキャンドルを作成し、廃油キャンドルの灯りのもとで環境に関するクイズや大学の先生による講演を行う企画である。そこでは、アカペラサークルによるパフォーマンスもあった。このねらいは、節電意識の醸成とリサイクルやエコ活動への関心喚起である。特に、学生委員会外のサークルとコラボによるつながりの拡大という意味もある。

最後に、アマモサミットに参加して、「海と山もつながっている」とあらためて感じることができたので、大学内だけではなく地域に関わる活動を今後も増やしていきたい。

第4章
平和活動の課題と展望

「グローバル社会と平和」プロジェクトチーム

1. はじめに

　大学生協による平和活動には、「ピースナウ」をはじめさまざまな取組がある。2015年春にニューヨークで開催された核兵器不拡散条約（NPT）再検討会議には各ブロックの学生組合員の代表が派遣された。また安保関連法案の国会上程を機に若者の平和への関心が大きく高まった。この章は、大学生協連の各ブロックがそれぞれに企画し、取り組んでいる平和活動について、その現状と課題についての報告である。そこには、今後の取組に活かすヒントや課題が示されている。

　最初の報告は、東北ブロックでの2015年度の平和活動についてである。学生委員を中心に「私たちが戦争の体験を聞ける最後の世代である」という自覚のもとに行われた、戦争体験者による講話会（参加者数134名）の取組や「Peace Now! 東北」などの活動が語られている。次の報告は、「ピースナウ舞鶴」と「ピースナウ奈良」などの取組を行った京滋・奈良ブロックの平和活動についてである。

　こうした活動の報告を通じて、全国規模の「ピースナウ」への参加にとどまらず、平和活動を地に足をつけて地元から組み立てることが何よりも重要であること、内容を充実させるにはブロック事務局職員や教職員組合員の「継続

性」と、学生組合員の「新しい関心」とがうまくかみ合うことが重要であること、そして、参加者を増やすには日常的に身近なところへの呼びかけが大切であることなどが示された。

チーム座長：松野尾裕[1]

2. 2015 年度東北ブロックでの平和活動を通じて

櫻井滉輔[2]

「知り、知らせ、考え、話し合う」

　2015 年は戦後からちょうど 70 年にあたり、また 4 月に NPT（核兵器不拡散条約）再検討会議が行われる節目の年だった。他方で、日本の平和を取り巻く環境としては、ISIS による日本人拘束事件、安全保障をめぐる集団的自衛権の行使容認などがあり、目まぐるしく変化した 1 年でもあった。その中で行った東北ブロックという連帯での平和活動を紹介する。

　東北ブロックで平和活動を行う上で、方針としたのが「知り、知らせ、考え、話し合う」という 4 つの点である。これをテーマとして大学生協での平和活動を考えたが、東北ブロックの各会員生協からは、現状では平和活動を会員単独では行いにくいという声があった。そこで東北ブロックという連帯の場で、「知り、知らせ、考え、話し合う」という場を実現してみようと考えて、各平和活動を企画・実行することにした。

4 つの活動

　2015 年度東北ブロックは平和活動として、まず「NPT 再検討会議へのカンパ・メッセージ活動」、また NPT 再検討会議に派遣された 2 人の方による報

---

[1] 愛媛大学教育学部教授
[2] 大学生協東北ブロック学生委員

告会を行った。次に「戦後70年生きて、今、平和について思うこと」という
タイトルで「戦争体験者の講話会」を行った。3つ目に、『日本は戦争をする
のか — 集団的自衛権と自衛隊』（岩波新書）の著者である国防ジャーナリスト
の半田滋氏の講演会、4つ目に「Peace Now! 東北」の4つの活動を行った。

　この内、「Peace Now! 東北」では、福島大学を訪問し、学徒出陣で亡くな
られた方の名前が刻まれた慰霊碑を見学し、福島大学の信陵同窓会の方からお
話しを聞いた。また、白河市にあるアウシュヴィッツ平和博物館を訪問し、過
去の戦争の悲惨さと現在、未来についてディスカッションを行った。それら
の活動を通して、講演会や企画参加後の学生からは、「全く知らないことが多
かったのでもっと勉強したい」「ただ、情報を鵜呑みにせず背景に何があるの
かを知っていきたい」という声が非常に多く寄せられた。

平和活動と学生

　東北ブロックでの平和活動を通じて感じたことは、学生は関心がないわけ
ではなく、むしろグローバル社会になった現代において、平和に関する情報に
非常に関心があるということだ。しかし、情報が簡単に手に入る今日だからこ
そ、対立する意見・考えに多く触れ、自身の知識量のみでは判断できる立場に
ない（と自身で判断してしまっている）、と考えているように見られた。そう
いった考え方がある以上、意見を表明する場において「わからないから勉強し
たい」という声が多く聞き取れたのかと思われる。

　一方、平和活動を行っていく過程で、学生が教職員や生協職員の方々と話し
合っている際に、しばしば「大人」という表現で学生と区別している場面が見
られた。そういった側面から学生を「知らざる者」の括りとして扱っていること
とが雰囲気としてあるように感じた。

　「まず知ってみる」として行った活動だが、「知らなきゃ、話し合う場に居て
はいけない」ということにならないことが大切だ。様々な立場・考えの人がい
る中で話し合うことの大切さや、議論に正解のない中で相手を理解する大切さ
が平和活動に関して求められるということを強く感じた。

3. 京滋・奈良の平和学習の取組
── ピースナウ舞鶴とピースナウ奈良の取組から ──

横山治生[3]・山下桃果[4]

京都で戦争の様々な姿を知ろう

京滋・奈良ブロックでは2005年から10年にわたって、京都府北部にある戦争遺跡をたずね、アジア太平洋戦争がもたらした様々な戦争の姿を知り、現在・未来の平和について考える平和学習企画に取り組んできた。若い世代にとって、戦争といえば、武装した兵力による軍事行動や広島や長崎の原爆、空襲がイメージされるが、ここでは戦争のもたらした様々な姿や日本の加害についても学ぶ。

フィールドは京都府北部の天橋立や山根大夫の物語でも有名な丹後半島の付け根にある大江山と、そこから40kmはなれた舞鶴市である。大江山では軍需物資として不可欠なニッケルを採掘するために連合軍捕虜や中国人をつかった強制労働の跡地をたずねる。また舞鶴は戦後、歌謡曲「岸壁の母」で知られ、満州やシベリア抑留の引揚者の港として有名である。昨年、舞鶴の引揚関連資料がユネスコの世界文化遺産に登録されている。

ここでは大きくは3つのことを学ぶ。1つは、日本の戦争被害ではなく、戦争加害。日本人はアジアの人たちへの加害について知ること、2つ目には、戦争は最前線だけではなく、もっと多くの悲惨な出来事があること。例えば、残留孤児問題やシベリア抑留など。3つ目には、過去を知り、現在を見つめて、日本の平和について考えること、の3つである。

---

[3] 大学生協京滋・奈良ブロック事務局
[4] 奈良県立大学3回生

戦後は続いている

　舞鶴は日露戦争の頃から軍港で栄え、現在も日本海に面した唯一の海上自衛隊基地である。イージス艦２隻も母港として在籍し、軍事戦略上も特別な位置にあるほか、近畿百景ナンバーワンといわれる美しい地形が巧みに軍事基地として活用されていることを知ることができる。70年前の出来事も、中国残留孤児・婦人と呼ばれた人々の帰国後の生活保障やシベリア抑留者への「特別措置」がとられるようになったのも近年のことである。終戦直後の８月24日、舞鶴湾で不思議な事件が起こっている。青森県の大湊から3,000人もの朝鮮人を乗せ、釜山に向かう途中で舞鶴湾に入港した浮島丸が爆発し、乗務員と朝鮮人500名以上の人命が奪われた事件である。地元では毎年、「浮島丸殉難者を追悼する会」の人々によって追悼集会が行われ、南北朝鮮人団体も同席し、国や京都府、舞鶴市からもメッセージが寄せられる平和の誓いの日となっている。

地元でも戦争遺跡に学ぼう－ピースナウ奈良

　こうした事実を学んだ学生の中から、もっと身近な場所で戦争のことを知る平和企画を考えたいと取り組まれたのが「ピースナウ奈良」である。

　この企画は奈良県立大学、奈良女子大学、奈良教育大学の学生委員によって実行委員会が発足し、奈良県生協連のアドバイスを得て、地元で平和研究をされている方の協力で行われた。フィールドワークとしては、生活により身近なものを感じてもらいたかったので、奈良教育大学に残る弾薬庫や戦時中に鉄の供出を行った奈良ホテル、鹿も食用にされたという奈良公園、奈良女子大学の奉安殿などを順次回りながら、様々な方のお話しをうかがった。

　それぞれの大学内にもある戦争遺跡をたずねたことで、ピースナウ舞鶴を上回る参加者で成功させることができた。学生が学びの主体となって平和企画に取組スタイルこそ、生協の平和学習活動の素晴らしい点ではないだろうか。

第5章

協同組合論の学びを創る

「協同組合教育と組織づくり」プロジェクトチーム

1. はじめに

　この章は、協同組合の歴史・理論や、現代社会の中での実践について学ぶことで、大学生協の事業や組織活動、学生活動にどのようにつながるかを考えることがテーマである。

　そのために、まず小南浩一氏による「賀川豊彦の経済哲学とその現代的意義」と題する報告を収録した。1920年代以降のわが国の労働運動、農民運動、協同組合運動、平和運動など、幅広い分野の運動を牽引した賀川豊彦の思想や考え方について、現代的な視点から述べられている。それを受けて、現代社会で協同組合に関わる私たちが賀川にどう学び、どのような実践につなげていけるかを考える必要がある。

　次に、「愛媛大学における集中講義〈協同組合とは何か〉の実施」と題して、2013年から実施してきた夏期集中講義（9月）「協同組合とは何か」についての報告を収録した。この集中講義は、愛媛県の協同組合協議会による提供講座で、JA愛媛中央会が事務局を務め、愛媛大学において開講されている。

　受講している学生には、各自の専門分野の中で、協同組合や地域づくりについて具体的に考えさせるようになっている。協同組合の運営や組合員参加という奥深いところまで理解させるのは、なかなか大変であるが、この講義を通し

て学生が少しでも協同組合に関心を持ち、将来の進路の1つとして考えることにつながれば、その意義は大きいだろう。

チーム座長：林　薫平 [1]

2. 賀川豊彦の経済哲学とその現代的意義

小南浩一 [2]

はじめに

　ここでは、賀川豊彦の経済哲学に焦点を当て、彼が目指した社会（資本主義を超える）がいかなるものか、また、そのために展開された協同組合運動について検討し、その今日的意義を論ずる。賀川の経済学に対しては、「これは経済学ではない」との批判もあるが、私は逆に賀川の広い意味での経済哲学をいま知ることは意義があると考える。

　戦前の『Three Trumpets Sound[3]』という本では、賀川がガンジー、シュバイツァーと並べて論じられていた。賀川は、戦前、特に1920・30年代の世界で最も著名な日本人であった。戦後、ノーベル平和賞候補となったことは有名であり、1947、1948年にはノーベル文学賞の候補でもあった。若いころ賀川と共にスラムでボランティアをやった大宅壮一は、明治、大正、昭和の三代を通じて日本民族に最も大きな影響を与えた人物ベスト10を選んだ場合、その中に必ず入るのは賀川だと述べていた。

戦後、なぜ忘れられたのか？

　おそらく賀川の社会運動があまりにも幅広く、その全体像を時代背景と絡めてきちんと誰も書いていないからであろう。例えば内村鑑三はまさに聖書一

---

[1] 福島大学経済経営学類特任准教授
[2] 兵庫教育大学社会系教育コース教授
[3] Hunter, Allan Armstrong 著、Association Press 1939

筋で、その弟子の南原繁や矢内原忠雄など偉い人がいたが、賀川の弟子は庶民だった。また、賀川は日中戦争に反対して、中国に謝罪している数少ない日本人だが、大東亜戦争を支持した。さらに天皇に対する敬愛も強かった。こうした点がマルクス主義的な影響の強い戦後の歴史学では評判が悪かったと言えよう。高校で使われる21種類の日本史教科書を見ても、内村はすべてに載っているが、賀川は8種類しか載っていない。ちなみに賀川の創立した生活協同組合も教科書には記載がない。

賀川経済哲学の特色

　彼はクリスチャンだが、神のもとの平等とは魂だけではなくて生活、社会でも平等でなければならないと考えた。彼は貧民窟で貧乏がいかに人間の人格を傷つけ精神を損ねるかを実感して、社会の改造を志す。1901年に社会民主党が設立されたが、その宣言では20世紀の最大の問題は貧困、格差と言っている。賀川が書いた『主観経済の原理』は、簡単に言うと人間を中心とした、人間回復の経済学ということだ。

　そこでは、労働とか資本とかの投入を節約し産出を最大にする経済学に対して、逆に産出よりも投入、つまり働き方そのもののほうが大事だと論じている。まさにコペルニクス的転回で、それをケインズより6年前に彼は『愛の科学』に書いている。また、「通貨は愛である」とも言っている。彼は通貨を非常に大事にし、これは人間でいえば血液であり、その交換作用が生命の交流作用であり、そこに価値があると言っている。

賀川の社会運動の特色

　賀川の協同組合運動は、川崎三菱大争議の組合の購買部からスタートして、神戸消費組合になり、いまのコープこうべになる。最初は、酒もタバコも扱わず、また現金主義を貫いた。そのため赤字だったが、それは彼のキリスト教的な倫理と、やはりより良い社会に変えていこうという発想に基づくもので、消費組合史上特筆に値するとも言われている。

　また、イギリスの婦人ギルドにならった家庭会を作り、設立当初から葬儀部

などをつくっていた。関東大震災へのボランティアで活動を関東に移してから
は、東京学生消費組合を作った。賀川は反共産主義の立場で、学生消費組合を
つくったのは、学生が共産主義に走らないようにという発想があった。これも
協同組合運動が資本主義に対抗する、より良い社会を目指す運動だからである。

　賀川は、協同組合運動の理念として、「利益共楽、人格経済、資本協同、非
搾取、権力分散、超政党、教育中心」を掲げていた。これは国際組合同盟の
100周年に確認された7原則の先取りとも言える。

　賀川はキリスト教徒だが、日本のキリスト教会でもまさに異端である。たと
えば植村正久は自分の教会に車夫馬丁は要らないと言っている。その意味でも
賀川は、労働者のみならず弱い人、貧しい人の側にずっと立っていた貧民の友
だった。

　彼は社会主義者ではなく、「社会化」主義という言葉を使っている。マルキ
シズムと資本主義のあいだに立って、第三の道、社会化という道を求めた。そ
れが相互扶助、連帯の精神である。そして、賀川の社会運動の特色は、楕円形
の2つの中心点、即ち目の前の貧しい人々を助けることと、同時にあるべき社
会を構想することにある。それはまた、意識の改革と制度の改革をセットで同
時に行うことでもあった。

現代的意義

　このグローバル資本主義に対抗するカウンターの運動として、どこまで賀
川の問題意識は有効なのか。人間にとって経済とは何か。安倍さんは富国強兵
のための経済と言っている。こんな本音をはっきり言う人を私はいままでの総
理大臣で知らない。経済は経世済民なので、貧しい人のための経済が根本であ
る。その原点をしっかり考えたい。

　いま、日本では中間団体が危機にある。大学では教授会がなくなって、学長
のトップダウン。労働組合もなくなる。あるいは、創価学会も自民党の権力に
追随している。一方、部落解放同盟ももう昔日の面影はない。つまり、国家と
個人を仲介する中間団体、分厚い中間団体が日本のある意味での豊かさ、中流
階級を支えていた。それが抜け落ちて、サッチャーが言ったように、社会など

は存在せず、あるのは国家と個人だけになりつつある。この新自由主義の現状に対して、連帯とか中間団体の存在がいかに大事かを、私たちは賀川の運動を通じて感じることができるのではないか。

3. 愛媛大学における集中講義「協同組合とは何か」の実施

山口由等[4]

経緯とカリキュラム

　従来から JA と農学部の協力による講義が実施されており、内容を広げて文系を対象とする講義が計画され、2013 年に愛媛県協同組合協議会による「提供講座」が法文学部の授業として始まった。「協同組合とは何か」という題名で毎年 9 月の夏期集中講義期間に開講している。当初は 3 カ年と期間を限定して始まったが、昨年までに 3 年実施した上で、協同組合協議会でその後の開講について審議した結果、4 年目となる今年の継続が決まった。事務局は JA 愛媛中央会で、協議会が各組合関係の講師をコーディネートして授業 15 回分を提供する。講師を派遣している各組合としては、農学部以外の学生にも就職先として知ってもらいたいという考えがある。

　カリキュラムは 4 日間にわたっている。1 日目と 2 日目はいわゆるオムニバスで、イントロダクションの後、農協、漁協、森林組合、それから生協が初年度から講義を担当している。このうち、生協はコープえひめの理事長が講義している。1 年目は愛媛大学生協も 1 コマを担当したが、2 年目からは大学生協の代わりに愛媛県中小企業団体中央会が加わっている。2 日間の座学の後に、3 日目は学外研修となる。バスをチャーターして県内の松山と今治周辺の 2 つの施設を見学する。過去 3 年間は牛乳製造の「らくれん」の工場と、とくに目玉となっているのが JA おちいまばりによる直売所の「菜々きて屋」である。

---

[4] 愛媛大学生協理事長

136　第2部　大学・学生をめぐる諸課題と大学生協

ここは全国でも有数規模の直売所である。さらに4日目に、農学部教員が総論、まとめの話をする。そこから最後にグループワークをする。その後でテストとして小論文を出してもらい、主にこの小論文によって評価をする。

　このように、授業の内容は座学と3日目の学外の2つの施設の見学の2つがメインになっていて、とくに「菜々きて屋」の積極的な取組は日本農業賞の大賞を受賞しているところでもあり、学生の答案を見ても、直売所経営の話は非常にインパクトがあることがわかる。

各年の受講者数の推移

　受講生数を振り返ると、1年目は登録が少なかったため、農学部生にも開放し、JAに就職予定の近隣大学生も2人参加して28名だった。これは集中講義の案内が遅れて周知が徹底しなかったためである。2年目は55名が登録したことから、抽選でバスの定員となる45名とした。3年目は34名、今年の登録は38名となっており、抽選もしないちょうど良いくらいの人数である。

　受講する理由は、集中講義が一般に単位を取りやすいということもあるだろうが、動機はともあれ一通り受講をすれば、協同組合に対する理解が深まり、協同組合のPR効果は間違いなくある。実際、学生の多くは大学生協の組合員であっても生協についてきちんと話を聞く機会はなく、この授業で学ぶことは多い。また、愛媛新聞が学外施設見学に同行して書いてくれた記事の反響もあり、県庁などからも良い取組であるとの評価を得て、それが4年目の継続につながった。

　大学生協についても、私が担当した授業でアンケートを取ってみた。その結果、食堂が生協だということは知っているが、レストランとかその他の店はあまり生協として意識されていなかったことが確認できた。愛媛大学では生協学生委員会が受験生や新入生へのサポートで大きく貢献していることを紹介したところ、在学生へのサービスが目立たないとの指摘が出るなど、在学中の生協のアピールの弱さを感じた。成績評価については、出席状況を重視して不可か否かの単位認定を行い、その上で、最後の時間に書いて提出する振り返り・まとめのレポートで点数を付けるが、グループワークによって考えを深めたり共

有する過程を徐々に増やしている。直近となる3年目は京都大学の『協同組合論講義』も参考にして、就職先として魅力があるか、就職するとしたらどこがいいか、をテーマに数人で話してもらった。結果は人それぞれで、たとえば森林組合は少ないかなと思うと意外といたりする。就職先としてのPRという観点は協同組合協議会が講義を始めた目的にも沿っており、学生も自分の問題として考えることができるので有効と考えている。

課題と今後

最終日の「振り返りとテスト」はいろいろと試行錯誤してきた。現在は前述のテキストなども参考にして、就職先としてどの組合を選ぶか議論してもらい、それも反映したかたちで答案を書くというかたちで落ち着いてきている。それとともに、受講生は3回生・4回生が中心なので、すでに専門を勉強している立場から意見を述べるように誘導している。また、講義のうち二つ以上の内容に触れるように指示しており、そこから通じるところを見いだして協同組合とは何かについて考察ができるかどうかも、評価の基準の一つである。

愛媛大学は学部改組によって今年度から社会共創学部が発足している。この授業の内容が地域のことを扱っていることから、将来はこの学部の学生も受講できるように教務担当などと調整したいと考えている。また、今回の会議では協同組合についてのリーディングリストが示されているので、これなども取り入れて、集中講義期間だけでおしまいではなく、リストの1冊を読んでe-Learningシステムでレポートを出させることなども、今後検討してみたい。

参考文献

「協同組合論」を学ぶリーディングリスト（大学生協全国教職員委員会、2015年12月）

賀川豊彦『協同組合の理論と実際』コープ出版、2012

小林正弥『友愛革命は可能か ─ 公共哲学から考える』平凡社新書、2010

庄司興吉・名和又介『協同組合論 ─ ひと・絆・社会連帯を求めて』全国大学生協連、2013

中川雄一郎・杉本貴志編『協同組合を学ぶ』日本経済評論社、2012

広井良典編『協同で仕事をおこす ─ 社会を変える生き方・働き方』コモンズ、2011

ピョートル・クロポトキン『相互扶助論』同時代社、2012

第6章
特別講演　里海、里山に学ぶ

南川　秀樹[1]

宇宙船地球号

　70億人を超える人々の暮らす地球、あと30年もすれば100億人にも達すると予想されている。もちろん地球は唯一つの存在であり、その上でしか我々人類は生きていけない。こうした問題意識が世界的に広まったのは1966年のアメリカの経済学者ケネス・E・ボールデイング『来るべき宇宙船地球号の経済学』の発表からである。この中では「地球は一個の宇宙船となり、無限の蓄えはどこにも無く、採掘するための場所も汚染するための場所も無い。それゆえ、この経済の中では、人間は循環する生態系やシステムの中にいることを理解するのだ」と述べられている。こうした考え方が世界的に認められ、行政の世界で動き出したのは、1980年代の「国連・環境と開発に関する世界委員会」の開催とその報告からである。日本政府（原文兵衛環境庁長官）の提案が採択され、1983年に「21世紀の地球環境の理想像を模索…戦略を策定するため…特別委員会を国連に設置する」運びとなり、このノルウェー首相ブルントラント氏率いる委員会の結論とも言うべき提言のポイントが、「持続可能な開発（社会）」である。

　この精神が具体化されたのが1992年いわゆるリオ地球環境サミットである。地球環境サミットの成果は、早速わが国でも法制度として具体化され、1993

―――――――――――――――――――
[1] 一般財団法人日本環境衛生センター理事長

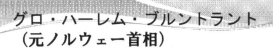

年に環境基本法が制定された。基本法の重要事項である「環境基本計画」のなかで、新しい環境負荷の少ない持続的発展が可能な社会構築の柱として、①低炭素社会造り、②循環社会造り、③自然共生社会造りがうたわれた。この柱が、今日に至るまで環境保全に配慮した国造りの考え方として継続、定着している。

環境保全に配慮した国造り

　①の低炭素社会は、いうまでもなく気候変動、地球温暖化対策を如何に進めるかである。産業革命以降、人間は石油や石炭といった化石燃料を大量に燃やして使用することで、大気中の二酸化炭素やメタンなどの温室効果ガスの排出を急速に増加させた。それにより、温室効果（赤外線の吸収）が強くなり、大気温度を上昇させている。これをいかに食い止めるかである。IPCC (Intergovernmental Panel on Climate Change 気候変動に関する政府間パネル) は、既に数次にわたり報告を出し、その中で、「気候システムの温暖化には疑う余地が無い、人為起源の温室効果ガスの排出が、20世紀半ば以降の温暖化の支配的な要因だ」としている。地球全体の大気圏は正しく人類全体の共

有財産コモンズであり、対策を行う国が受益することにはならないことに留意する必要がある。一定量以上の排出者すべてが適正な削減を行うことで初めて共有財産の保全が図られるのである。昨年12月のパリ協定は、正しくこの具体化をはかるものであり、この協定の発効に向けてすべての国が低炭素社会造りを進めていく必要がある。

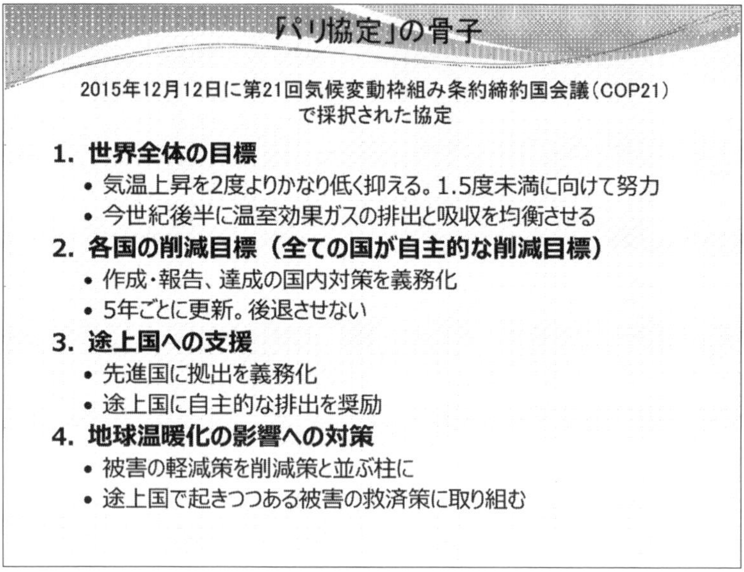

図1 「パリ協定」の骨子

②の循環社会は、地球上の限られた資源を如何に有効に使い、廃棄物の大量発生に伴う問題を如何に最小化するかという課題である。日本では、1960年代からの東京ゴミ戦争などを背景に、廃棄物の焼却による衛生処理が進められてきた。その後、名古屋市での廃棄物埋め立て予定地（藤　前干潟）撤退が大きな社会的話題となった影響もあり、2000年には「循環型社会形成推進基本法」が制定された。いわゆる3Rの定義づけに始まり、容器包装、家電、食品、建築物、自動車、小型家電といった多方面にわたるリサイクル法の制定と運用が行われている。

それと並ぶものが③自然共生社会である。ただし、この自然共生社会造りの視点は、①、②とは異なる視点が含まれていることが、しっかりと理解されなければならない。それは、グローバリズムの展開とは相容れない視点を濃厚に有していることである。人類は、産業革命以来、「より速く、より強く、より合理的に」を合言葉に、世界が一つになる方向に進むことを暗黙の合意として歩んできた。低炭素社会は、正しく地球の表面を覆う大気全体を各国の協力で守ろうとするものである。資源循環社会は、廃棄物が地球全体の中で資源として活用され、適正に処理できる場所でしっかりとした処理を進めようというものである。そこには地域を守るという視点は希薄である。③の自然共生社会は、むしろ地域を大切にし、その前提に立って国際協力も進めようというものである。地域の「森、里、川、海の循環が生み出す恵み」をまず地域の住民が共有するところから始めるものである。安全・安心・清く豊かな水、清浄な空気や土壌の保全、安全で美味しい食べ物、地域の自然に根ざした文化、災害防止という自然がもたらす生態系サービスへの理解を、農山村の人も都市に住む人も理解しあわねばならない。

すでに述べた環境問題の動きに加え、経済も大きな変化と不安要素を有している。化石燃料の大量輸入による資金流出、社会保障費の増大と巨額の財政赤字、また、地方経済の疲弊も大きな課題である。こうした状況の下、環境と生命・暮らしを第一義とする文明論的時代認識を明らかにし、持続可能な自然共生社会づくりを推進することが求められる。

森里川海の連携強化

森里川海の連携強化の必要性は、その顕在化する暮らしへの影響を見ればよくわかる。一つは、資源の枯渇である。乱獲や海洋環境の変動などもあいまってうなぎなどの身近な資源が枯渇している。2つ目には、ふれあいの機会の減少である。里海、里山の荒廃により子どもたちが自然に触れ合う機会が減少し、生物多様性を保全しようという国民意識も低下している。3つ目は、森林や里地の荒廃による鳥獣被害の深刻化である。そして、4つ目には、災害の激甚化がある。気候変動に加え、森里川海の荒廃により、土砂崩壊防止、保水機

能の低下が起きている。

　2016年の5月に富山県で開催されたG7環境大臣会合でも、参加国が固有ではあっても共通する課題としてこの問題を取り上げ、「生物多様性および生態系全体は、食料や資源、薬、住居、水などを提供し、自然災害を緩和または防止し、気候を調整し、レクリエーションの機会を提供してくれる自然資本である。生物多様性の損失や生態系の劣化は、人間の福利を減少させる社会経済問題であることも認識することが重要」との合意が得られた。

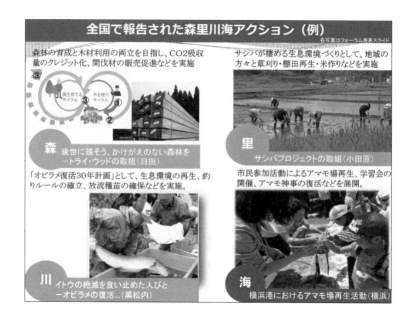

　環境省では「つなげよう、支えよう森里川海」プロジェクトを立ち上げ、その中で、「土砂災害を防ぎ、豊かな水を育む森、命の恵みを生かし、安全で豊かな暮らしを育む里、災害に強く、魚湧く海、しなやかで、生命が溢れる川を実現するための仕組みの構築やライフスタイルの転換」に取り組もうとしている。目標は、①森里川海を豊かに保ち、その恵みを引き出す。②一人ひとりが、森里川海の恵みを支える社会を作ろう、というものである。これまでも多くの地域での取り組みが進められてきたが、全国的な大きな運動として展開

し、グローバリズムとは異なる視点でのこの国の大きな社会の流れにしていくための、仕組みづくりとそれを支える環境教育や資金面の手当ての充実が求められている。

　具体的なアイデアは随所に見られる。森林のメタボ解消・健全化プログラム、生態系を生かしたしなやかな災害対策、江戸前などの地域産食材再生のための環境づくり、トキやコウノトリが舞う国土造りなど、我々が学ぶことのできる素材はある。ぜひとも、多くの皆様の協力を得て、新たな第二段階の自然共生社会つくりを進めよう。

講師紹介

南川秀樹　66歳

　三重県三重郡菰野町出身　四日市高校、名古屋大学経済学部　1974 年　環境庁（現環境省）へ入省 環境保健部長、廃棄物リサイクル対策部長、自然環境局長、地球環境局長、 大臣官房長、地球環境審議官、環境事務次官を歴任（2013 年退官）現在　日本環境衛生センター理事長 日本廃棄物団体連合会会長、東京経済大学客員教授など

あ と が き

　大学生協は、大学を構成している学生・教員・職員が組合員となって、組合員同士の助け合いと協同の取組を通じて、組合員の生活の向上はもちろん、大学の教育・研究・社会貢献という使命にも貢献することも目的として活動しています。各大学の生協は、都道府県知事から認可を受けた独立の法人組織ですが、目的の達成のために取り組む様々な事業については地域レベルで、また全国レベルで事業を連携しています。

　全国大学生協連は、全国219の大学生協を会員とする大学生協の連合組織で、設立は1947年にまで遡ります。毎年12月に会員生協から選出された代議員ほか約千名の組合員が集まって通常総会を開催し、1年間の事業の総括と次年度方針を議決しています。この大学生協連には、組織委員会と言って、学生、院生、留学生、教職員という主体ごとに生協の組織的な活動を推進するための委員会が置かれています。

　全国教職員委員会はその一つで、教職員の生協加入促進や教職員ニーズの把握、教職員交流活動などをテーマとして活動を続けています。この全国教職員委員会における最重要なイベントが、2016年9月に岡山で2日間にわたって開催した「全国教職員セミナー」と言えます。1日目のお昼に始まって、掲げたテーマに合わせた基調報告やシンポジウムを行い、夕方から交流懇親会、2日目の午前中に各プロジェクトチームが企画した分科会、午後にはオプションツアーという構成となっています。このセミナーに、北海道から沖縄までの全国の大学生協に連なる教員、職員、生協職員など約250名が参加しました。

　全国教職員委員会の主催によるこのスタイルのセミナー開催は14年前に遡り、2002年に大阪教育大学で最初に開催された後、2006年には新潟大学で、2010年には三重大学で、そして2014年には原発事故をめぐる議論が続いていた福島大学で開催されました。つまり、4年に1度の開催を基本タームとしていました。その後、教職員委員会の中で、4年に1度の開催では間隔が空きす

ぎて、取組の継続性が十分に確保できないとの意見を受けて、今回の岡山大会から隔年開催にタームを変えて開催することとなりました。次回は、2018年9月に富山大学での開催が決定しています。

ここ数年間、全国教職員委員会が最も力を入れて取り組んでいる活動が教職員の組織づくりです。この間、大学からはいわゆる団塊世代が退職しました。この団塊世代は学園紛争の世代でもあり、教職員組合運動や生協設立運動でも中心的な役割を担った世代でした。この世代の退職とともに、労働組合の運動も寂しいものとなり、生協の教職員活動も弱くなってきました。しかし、それ以上に問題なのは、国立大学の法人化の頃より、教員における業績主義や文教予算の削減、教員・職員を問わない多忙化が急速に進展して、教職員の間の職場を同じくするものとしての連帯感が希薄化し、教職員の孤立化やメンタルヘルスの問題が生じてきていることです。

大学生協は、大学の中で学生も教員も職員も同じく一人の組合員として、対等・平等に参加する唯一の組織です。幸いなことに、組織委員会の中でも学生委員会の活動は全国の大学できわめて活発で、自分だけではなく皆がよくなるための活動を積極的に取り組んでいます。この学生員会に学びながら、私たち教職員委員会も今一度、大学の中に“学びの共同体”としての一体感を呼び戻すために、教職員委員会の組織づくりを一生懸命取り組んでいるところです。

私たち全国教職員委員会の活動は、本書に収録したセミナーの内容をご覧いただければ、おおよそ理解していただけると思います。この間、組織づくりに加えて力を入れてきたのは、学生の読書を推進する取組であるリーディングリスト運動でした。また、それと合わせて、第2部にあるように、①「教育と読書」、②「食と安全」、③「環境と防災」、④「グローバル社会と平和」、⑤「協同組合教育と組織づくり」の5つのプロジェクトチームに分かれて、活動しています。セミナーは、プロジェクトチームの取組の到達点と次の課題を確認する場でもあります。

こうした私たちの全国教職員委員会活動に対して、なかなか良い取組と評価をしていただける方もあるのではないかと思います。一方で、私たち全国教職員委員会の一番の悩みは、私たちの取組が全国の大学の中で、ほとんど知られ

ていないという事実です。この状態を何とかしなければいけない。私たちの活動をもっと多くの大学の教職員に、また大学の執行部の方々にも知ってもらいたい。

そうした問題意識を強くもって、今回はセミナーの内容を組織内の記録にとどめるのではなくて、著書として刊行する可能性を追求しました。その結果、幸いなことにセミナーを開催した岡山市に本社を持つ（株）大学教育出版に刊行をお引き受けいただくことができました。改めて大学教育出版社さま、とりわけ佐藤守さまに、心より感謝申しあげます。

読書に関する本は、本当に多数出版されていますが、「大学教育と読書」を正面から取り上げた本はあまり見あたらないように思います。本書を多くの大学人の方々に手にとっていただいて、多くの大学の教育改革や授業改善の取組の一部として学生の読書の現状に対する議論が広がっていくならば、本書を編んだ意図は果たされることになり、まさに幸甚ということができます。

2017 年 8 月

玉　真之介

2016 年度全国教職員委員会

委員長

玉　真之介（徳島大学教員、全国大学生協連副会長理事）

副委員長

高本　雅哉（信州大学教員）

今山　稲子（京都大学職員）

委　員

田中　邦明（北海道教育大学教員）

間宮　春大（北海道大学職員）

荒川　修（弘前大学教員）

林　薫平（福島大学教員）

佐藤　敬一（東京農工大学教員）

佐々木俊介（桜美林大学職員）

皆川　清（名古屋大学職員）

朴　恵淑（三重大学教員）

奥田　實（富山県立大学教員）

横畑　泰志（富山大学教員）

玉井　大輔（滋賀県立大学職員）

山﨑　尚（和歌山県立医科大学教員）

松野尾　裕（愛媛大学教員／2017 年度委員長）

矢野　泉（広島修道大学教員）

鹿内　健志（琉球大学教員）

高橋　俊浩（宮崎大学教員）

事務局

田足井　肇（全国大学生活協同組合連合会）

内山　郁夫（全国大学生活協同組合連合会）

守屋　隆（全国大学生活協同組合連合会）

■編著者紹介

玉　真之介　（たま　しんのすけ）

1953 年岐阜県高山市生まれ。北海道大学大学院農学研究科博士課程修了（農学博士）。専門は農業経済学、日本農業史。岡山大学教養部、弘前大学農学部、岩手大学大学院連合農学研究科、岩手大学理事を経て、現在は徳島大学副理事（COC プラス担当）、生物資源産業学部教授。全国大学生活協同組合連合会　副会長理事

大学教育と読書
大学生協からの問題提起

2017 年 10 月 10 日　初版第 1 刷発行
2017 年 11 月 30 日　初版第 2 刷発行

■監 修 者──全国大学生活協同組合連合会教職員委員会
■編 著 者──玉真之介
■発 行 者──佐藤　守
■発 行 所──株式会社 大学教育出版
　　　　　　　〒 700-0953　岡山市南区西市 855-4
　　　　　　　電話（086）244-1268　FAX（086）246-0294
■印刷製本──モリモト印刷㈱

© 2017, Printed in Japan

検印省略　　落丁・乱丁本はお取り替えいたします。
本書のコピー・スキャン・デジタル化等の無断複製は著作権法上での例外を除き禁じられています。本書を代行業者等の第三者に依頼してスキャンやデジタル化することは、たとえ個人や家庭内での利用でも著作権法違反です。
ISBN978 - 4 - 86429 - 469 - 0